Arbeitsdienst in Bulgarien

Studentenwerk-Schriften Band 5

Arbeitsdienst
in Bulgarien

Studienergebnisse der Schlesischen Jungmannschaft

von

Dr. Hans Raupach

Berlin und Leipzig 1932

Walter de Gruyter & Co.

vormals G. J. Göschen'sche Verlagshandlung — J. Guttentag, Verlagsbuchhandlung — Georg Reimer — Karl J. Trübner — Veit & Comp.

Archiv-Nr. 47 28 32

Druck von J. J. Augustin in Glückstadt und Hamburg

Den Arbeitskameraden in Bulgarien und Deutschland

На другаритѣ по работа въ България и Германия

Vorrede

Die folgende Darstellung der bulgarischen Arbeitsdienstpflicht darf nach zwei Richtungen Beachtung heischen.

Sie ist zunächst ein wichtiger Beitrag zur Kenntnis des neuen Bulgarien. Die Arbeitsdienstpflicht ist als übergreifende Ordnung der bulgarischen Agrargesellschaft von der Revolutionsregierung Stambolijskis geschaffen worden; sie ist heute trotz erheblicher Einschränkung und Aushöhlung fast der einzige institutionelle Niederschlag jenes Regimes. Raupach zeigt eindringlich die besondern gesellschaftlichen Verhältnisse und die Anforderungen der geschichtlichen Stunde, woraus die bulgarische Arbeitsdienstpflicht enstanden ist: die Anknüpfung einerseits an Erinnerungen feudalstaatlichen Arbeitsdienstes, andrerseits aber an die örtliche Selbsthilfe des Bauerndorfs, die darin ins Allgemeine ausgeweitet wird; die beabsichtigte Erschließung latenter Produktivkräfte ohne den Einsatz notwendig fremden Kapitals; den Notstandscharakter der Dienstleistung, die durch Kooperation echte Zusatzwerte schafft, ohne mit privatwirtschaftlicher Berufsarbeit zu konkurrieren; die einsichtige Gemeinnützigkeit unqualifizierter Handarbeit in der homogenen Agrargesellschaft und den Mythos der Arbeit.

Die bulgarische Arbeitsdienstpflicht bedeutet, auf ihr einwohnendes Ziel hin gesehen, den Versuch, in die bestehende kleinbäuerliche Gesellschaftsordnung ein neues Strukturprinzip übergreifend einzuführen. Sie läßt die Produktionsweise unberührt. Allein sie überwölbt die bäuerliche Familienwirtschaft durch einen staatlich formierten genossenschaftlichen Arbeitseinsatz, der dazu dient, die ländliche Spitzenproduktion in die europäische Verkehrswirtschaft einzuführen und das Bauerntum einer rationalen Arbeitsschulung zu unterwerfen. Sie schafft damit auf lange Sicht die Möglichkeit, dem rasch wachsenden Übervölkerungsdruck durch volkswirtschaftliche Ertragssteigerung und Intensivierung der Bauernwirtschaft zu begegnen. Mit einem Wort: der bulgarische Arbeitsdienst wird zunehmend zu einer strukturell wesentlichen Schicht im Aufbau der Agrargesellschaft selbst.

Aber das bulgarische Beispiel ist über den Einzelfall hinaus wichtig. Wie die Kleinbauerndiktatur Stambolijskis nach dem bulgarischen Niederbruch nur im Zusammenhang mit jener agrarrevolutionären Welle verstanden werden kann, die von Rußland 1917 ausging, ganz Zwischeneuropa erfaßte und mehr oder minder vermittelt und abgeleitet der staatlichen Umwälzung dieser Länder zur gesellschaftlichen Sprengkraft diente: so werden die Voraussetzungen und Zielsetzungen, die Aufgaben und Erfahrungen des bulgarischen Arbeitsdienstes in irgendeiner Weise über kurz oder lang auch für die andern Agrargesellschaften Südosteuropas von Bedeutung sein, sobald die gesellschaftliche Bewegung neuerdings aufbricht.

Sieht man die bulgarische Arbeitsdienstpflicht in diesem ihrem Rahmen, so wird man ihre anschauliche Schilderung durch Raupach als wertvollen Beitrag zur Realsoziologie der Donauländer erkennen. Allein die folgende Schrift hat für uns heute noch eine ganz andre, unmittelbar praktische Bedeutung: als Beitrag zur Erörterung eines deutschen Arbeitsdienstes.

Die Diskussion dieses Gedankens in Deutschland leidet zumeist an einem Mangel realer Vorstellung. Daraus folgt eine Unverbindlichkeit und Vieldeutigkeit der Begriffsbildung, die vor der Wirklichkeit nicht standhält, die sich häufig in unhaltbaren Kurzschlüssen bewegt und darum ebensowohl lautern wie unlautern Interessen bequemen Unterschlupf bietet und Mißtrauen sät, wie umgekehrt vor jedem Angriff routinierter Gegner entwaffnet.

Die konkrete Darstellung der Arbeitsdienstpflicht in Bulgarien gibt dem bloßen Gedanken anschauliche Fülle, Mannigfaltigkeit und Schwere; sie zwingt zur Sachlichkeit. Und das ist das Erste, was nottut.

Weil reale Vorstellungen fehlen, brechen die Erörterungen über einen deutschen Arbeitsdienst leicht nach zwei Extremen auseinander, worin sich die Gedanken gleicherweise verirren und verwirren. Einerseits melden sich offen oder verdeckt ökonomische Interessen zum Wort; sie beziehen die Fragen des Arbeitsdienstes mangels wirklicher Substanz auf das Einzige, was ihnen substanziell ist, das ökonomische Interesse. Also ziehen sie die Diskussion in die wirtschaftliche Sphäre, wie als wäre Arbeitsdienstpflicht eine Frage privatwirtschaftlicher Rentabilität; sie behaupten oder bestreiten die Unvereinbarkeit des Arbeitsdienstes mit vorausgesetzten Bedingungen einer fiktiven Wirtschaftsordnung; sie messen ihn an ihren Sonderinteressen oder befürchten dahinter die Tarnung feindlicher Sonderinteressen; sie wünschen keinen „Eingriff in die Wirtschaft" oder denken sich umgekehrt den Arbeitsdienst als Pflaster auf dies oder jenes Gebrechen, als Heilmittel des einen oder andern Schadens. Kurzum, sie diskutieren den Arbeitsdienst sehr „realistisch": nur ist diese Realität nicht die des Arbeitsdienstes, sondern ihres handgreiflichen Interesses.

Andrerseits tummeln sich in diesen Diskussionen die leersten Wünsche und romantischen Illusionen: durchaus absehend von der deutschen Wirklichkeit — von den Gegensätzen der Gutswirtschaft und des Bauerntums, von den Klassenkämpfen der industriellen Gesellschaft, von der Kluft endlich zwischen dieser und dem Landvolk. Wo ist in der deutschen Gesellschaft echte und einsichtige Gemeinnützigkeit der Arbeit überhaupt denkbar? Ist denn die Klassengesellschaft mit ihrer ökonomischen Bestimmtheit konkurrierender Interessen zu einem Einsatz fähig, der nicht sofort zum Klassenkampfmittel würde? Indessen bewegen sich die Gedanken in einem leeren Raum und träumen davon: was schön, was nützlich, was wünschenswert wäre. Ein billiger Idealismus macht sich breit und ein Voluntarismus ohne gegenständlichen Gehalt und sachlichen Widerhalt. Hinter ausgesprochenen Gedanken verbergen sich unausgesprochene Hintergedanken und laufen um sechs Ecken — so versackt das Denken in ideologischer Unwahrhaftigkeit.

Gegen diese Gefahren leeren Wünschens und nackter Interessiertheit wünschen wir wirkliche Erfahrung einzusetzen; daraus ist für und wider zehnmal mehr zu lernen, als aus noch so ausgedehnten „Erwägungen". Erst wenn die Sache selbst mit ihrem spezifischen Gewicht deutlich dasteht, wird eine fruchtbare und ehrliche Erörterung sinnvoll und möglich.

Nun ist gewiß die bulgarische Arbeitsdienstpflicht nicht die einzige Erfahrungsquelle für uns, und niemand denkt daran, sich allein darauf zu berufen. Es gilt vielmehr, all die verschiedenen Erfahrungen zu sammeln und zu prüfen, die bisher gemacht wurden: die Lehren und Anregungen der zahlreichen Arbeitslager, die seit 7 Jahren eine bewährte Lebensform sozialpädagogischer Erziehung in der Verbindung von Handarbeit und staatsbürgerlicher Schulung ausgebildet haben; und die Erfahrungen aus dem freiwilligen Arbeitsdienst, die wenigstens seit einem Jahr in größerem Ausmaß vorliegen. Dies alles muß als Material zur Urteilsbildung ausgewertet werden. Ebenso gewiß ist aber, daß die bulgarische Arbeitsdienstpflicht ein unentbehrliches Glied in dieser Reihe ist.

Die Kenntnis der bulgarischen Wirklichkeit soll mit zur Sache selbst führen — zur Sache, das heißt vielfach: sie macht die Hemmungen sichtbar, die einer Verwirklichung innerhalb des deutschen Gesellschaftsaufbaus und unsrer Wirtschaftsordnung entgegenstehn, Schwierigkeiten, die aus den vielgestaltigen Spannungen der gesellschaftlichen Gliederung und den Strukturgesetzen der kapitalistischen Marktwirtschaft entspringen. Gerade die konkrete Analyse der Bedingungen und Verhältnisse in Bulgarien lehrt, daß eine unmittelbare Übertragung auf Deutschland nicht ohne weiteres möglich ist; geradezu jedes einzelne Moment des Begriffs der bulgarischen Arbeitsdienstpflicht widerstrebt der unmittelbaren Übersetzung in die deutsche Wirklichkeit.

So wäre die Lehre des bulgarischen Vorbilds für uns im wesentlichen negativ? eine Warnung, Abschreckung, Beweis der Undurchführbarkeit?

Nein. Denn sie ist negativ in einem einzigen Sinne: negativ gegen die Leichtfertigkeit der Diskussion. Gegen das feige Überspringen aller sozialen Wirklichkeit, gegen kurzatmiges Heilmitteldenken bringt sie in der Tat den Ernst der Sache zur Geltung. Sie ist negativ gegen bloße Ideologie.

Eben darum aber ist die bulgarische Lehre eminent positiv. Sie läßt erkennen, wie tief und breit der Arbeitsdienst in der Gesamtheit der Verhältnisse zu gründen ist, und wie wesentlich er die gesamte Gesellschaftsordnung umbildet. Sie zwingt daher, die Frage für Deutschland ebenso von grundauf und total zu denken: nicht als gesellschaftliche Einrichtung innerhalb der „Wirtschaft", innerhalb der Klassengesellschaft, sondern als politische Aktion gegen diese. Arbeitsdienst kann in der deutschen Wirklichkeit nur heißen: die Formierung der ausgesperrten Jungmannschaft durch den Staat und für den Staat, und den Aufbruch zu neuen Ufern.

Gunther Ipsen.

Inhalt

Währungsschlüssel:

Am 5. April 1932 wurden in Berlin für 100 bulgarische Lewa 3,06 RM gezahlt.

Einführung

Als einziges Land der Welt hat Bulgarien die allgemeine Verpflichtung zur unentgeltlichen körperlichen Dienstleistung für das Gemeinwesen (Arbeitsdienstpflicht) eingeführt. Allein die Tatsache, daß diese Einrichtung bereits 10 Jahre lang Bestand hat, würde schon eine ausführliche Berichterstattung rechtfertigen. Dazu kommt noch, daß seit der sehr frühen Arbeit des französischen Völkerbunddelegierten Lazard (1923) eine umfassende Darstellung nicht mehr erschienen ist. Darüber hinaus erfordert der gegenwärtige Stand der Arbeitsdienstpflichtdebatte in Deutschland einen Bericht über den bulgarischen Versuch. In grundsätzlichen Betrachtungen, Programmentwürfen, Zeitungsaufsätzen zu diesem Thema wird auf das bulgarische Vorbild hingewiesen. Nur selten wird dabei die Besonderheit der bulgarischen Gesamtlage gesehen und mitbewertet. Deren allgemeine Unkenntnis ermöglicht parteiische Darstellungen. Aber auch die genauere Kenntnis des bulgarischen Versuches kann nicht dazu führen, daraus eine Übertragung oder Belehrung für die deutschen Verhältnisse unmittelbar herzuleiten. Das Wesentliche, was mit einer genaueren Darstellung des besonderen bulgarischen Falles erreicht werden soll, ist der Gewinn von Maßstäben allgemeiner Art für die gesellschaftlichen und wirtschaftlichen Bedingtheiten einer Arbeitsdienstpflicht überhaupt. Die heute vorherrschende Betrachtungsweise zielt einseitig auf die Behebung bestimmter Störungen des Wirtschaftsprozesses (Arbeitslosigkeit) oder auf die volkserzieherische Bedeutung des Dienstjahres hin; aber selbst die Vereinigung beider Gesichtspunkte gründet sich kaum jemals auf eine umfassende Analyse der gesamtwirtschaftlichen und gesellschaftlichen Struktur Deutschlands. So wird die ungeheure Tragweite des Gedankens der Einfügung einer gewaltigen Quantität unbezahlter Arbeit in die Gesamtwirtschaft der Nation kaum erkannt. Einen ähnlichen Mangel an Universalität zeigen die Argumente der Gegenseite: fast immer Steckenbleiben in berufsständisch-egoistischen Begründungen. Eine Kritik vom ausgesprochen klassenkämpferischen Standpunkt, die gleichzeitig auch die Gesamtheit der gesellschaftlichen Beziehungen berücksichtigt, ist mir nicht bekannt.

Für eine umfassende Untersuchung der Frage der Arbeitsdienstpflicht, besonders auch für die Frage der Durchführbarkeit in Deutschland, soll diese Darstellung des bulgarischen Versuches insofern Material und Anregung beibringen, als sie an einem konkreten Beispiel die Wechselwirkung zwischen Arbeitsdienstpflicht, Gesellschaft und Wirtschaft untersucht. Die Schilderung einer Wirklichkeit von Arbeitsdienstpflicht soll die Gedankenverbindungen und Kategorien schaffen helfen, die uns einer umfassenden Betrachtung des allgemeinen Problems näher bringen. Von der Fruchtbarkeit dieses Verfahrens konnte ich mich in Vorträgen mit anschließender Aussprache in den verschiedensten Kreisen und Arbeitsgemeinschaften überzeugen.

Die Darstellung der Wirklichkeit, nicht ihre allgemeine Deutung soll aus den angeführten Gründen für diesen Bericht maßgebend sein. Diese Darstellungsweise ist auch in den besonderen Umständen begründet, unter denen die Materialsammlung zustande kam. Die Beibringung des Stoffes ist nämlich das Ergebnis einer Studienreise, die im Sommer 1928 von einer Gruppe von 30 Studenten und Referendaren aus der Schlesischen Jungmannschaft (Deutsche Freischar) auf Anregung ihres Führers Hans Dehmel in den bulgarischen Arbeitsdienst unternommen worden ist.

Der Anlaß zu dieser Reise war für uns ein zweifacher. Sie wurde einmal zur eigenen Schulung der Gruppe unternommen, die bereits auf einigen Fahrten und Wanderungen das bulgarische Land erlebt hatte und nun wünschte, dieses mehr intuitive, erlebnismäßige Kennenlernen durch genaue Untersuchung einzelner Einrichtungen zu vertiefen. Des weiteren bestimmte uns damals die Voraussicht, daß es bei der zu erwartenden Auseinandersetzung über eine Arbeitsdienstpflicht sehr darauf ankäme, daß wenigstens eine Gruppe des jungen Deutschland mit dem bulgarischen Versuch gründlich vertraut sei. Eine lebendige Fragestellung gerade zu diesem Problem hatte die Gruppe aus einer Reihe eigener Versuche genommen. In Arbeitslagern der Deutschen Freischar (seit 1925) und des Grenzschulheimes Boberhaus der Schlesischen Jungmannschaft in Löwenberg in Schl. hatten wir die erzieherische Form einer Vereinigung von körperlicher und geistiger Arbeit kennen gelernt, die Begegnung von jungen Menschen aus verschiedenen Schichten des Volkes in diesen Lagern erprobt[1]). Mit dieser Erfahrung glaubten wir einige Maßstäbe für eine allgemeine Arbeitsdienstpflicht gewonnen zu haben.

Zum Methodischen dieses Studienunternehmens stand im vornherein fest, daß es nicht darauf ankommen könnte, durch Reise, Besichtigung und Unterredung allein Eindrücke und Material zu sammeln, sondern sich der Realität der bulgarischen Arbeitsdienstpflicht dadurch zu nähern, daß man sich ihr in vollem Umfang unterziehe. Wir haben deshalb, in Gruppen zu fünfen, an den verschiedensten Arbeitsstellen des Landes mitgearbeitet und lernten, durch einmaligen Wechsel des Ortes im Ganzen 10 Stationen der Dienstpflicht kennen. Dabei haben wir großen Wert darauf gelegt, unter denselben Arbeitsbedingungen (Unterkunft, Verpflegung und Disziplin) zu arbeiten, wie die bulgarischen

[1]) Eine Gesamtdarstellung der Arbeitslagerbewegung von Dr. Keil wird gleichzeitig vom deutschen Studentenwerk herausgebracht.

Dienstpflichtigen. Die Gruppen hatten täglich, nach vorher gemeinsam bearbeiteten ausführlichen Fragebogen Protokoll zu führen, wobei die Beobachtungen des Tages im Rundgespräch zu klären waren.

Dieses Verfahren, Forschung durch eine Gruppe unter völliger Einordnung in die zu erforschende gesellschaftliche Institution, ließ besondere Ergebnisse nach folgenden Hauptrichtungen erwarten:

1. Die Unterordnung unter sämtliche Funktionen der Arbeitskolonne, das Mittun im gleichen Tagesablauf, ließ den Abstand, in dem der Beobachtende immer befangen bleiben muß, nahezu verschwinden. Erkennen konnte sich mit Erleben weitgehend decken und die bei solchem Forschungsgegenstand unfruchtbare Möglichkeit eines rein intellektuellen Urteils war somit ausgeschlossen.

2. Die Arbeitsdienstpflicht funktioniert in größeren Verbänden, in Arbeitskolonnen mit ziemlich geschlossenem Lebens- und Aufgabenbereich. Weit mehr als der Einzelne hat aber eine Gruppe die Möglichkeit, die Beziehungen dieses Bereiches zu erkunden, sofern sie sich nur vorbehaltlos genug in diese Beziehungen einschaltet, selbst als Verband auf die einzelnen Ansprüche der Institution reagiert, ganz abgesehen davon, daß zehn Augen mehr sehen als zwei.

3. Durch die gemeinsame Abfassung der Protokolle wurde das Urteil über die einzelnen Vorgänge objektiviert, Verallgemeinerungen sorgfältig auf verschiedene Beobachtungen gestützt und eine Dichte der Berichterstattung erreicht, wie sie dem einzelnen Beobachter nur schwer möglich ist. Dadurch geht freilich vieles verloren, was die Betrachtungsweise eines Einzelnen originell erscheinen läßt, doch gewährt eine solche Berichterstattung größere Möglichkeiten für eine freie Urteilsbildung des Lesers, was uns vor allem im Hinblick auf den vorliegenden Gegenstand und auf die Notwendigkeit, zunächst nur objektives Material ohne eine Deutung zu geben, besonders wichtig zu sein schien.

Daß diese günstigen Voraussetzungen einer wirklich kollektiven Forschung nicht voll ausgenutzt werden konnten, lag an Lücken in der allgemeinen Vorbereitung. Was vor allem ins Gewicht fiel, war das Fehlen einer zulänglichen Praxis in der gewählten Forschungsmethode. Mochte auch der einzelne im Sinne der Hochschule wissenschaftlich geschult sein, so fehlte doch im Anfang die unmittelbare Fragestellung vor der gesellschaftlichen Wirklichkeit. Die intellektuelle Einstellung, das Bemühen um die Anwendung der erlernten Begriffe mußte überwunden werden, damit man zunächst und vor allem an eine Bestandsaufnahme des Vorhandenen, der vielfachen Beziehungen der vorgefundenen Gruppen gehen konnte. In dem Maße, als die Einzelnen es früher gelernt hatten auf der „Fahrt“, von der Gruppe aus die materielle und geistige Umwelt realistisch zu betrachten, gelang die Umstellung auf das neue Forschungsziel. Als allgemeine Erfahrung sei hier dazu bemerkt, daß bei der vorhandenen Bereitwilligkeit von Gruppen zur weiteren gemeinsamen soziologischen Forschung an der gesellschaftlichen Wirklichkeit auf den Hochschulen bereits Möglichkeiten gegeben werden müssen, methodische Sicherheit zu üben in einer realistischen, von der intellektuellen Problemstellung zunächst absehenden Art der Erhebung von Tatsachen. Nur über diese Übung an der Erkenntnis von allem, was gegenwärtig in der Gesellschaft wirklich ist, wird der Studierende zu einer durchlebten Vorstellung von den heute wirksamen Kräften und sozialen Gliederungen (das Dorf der Gegenwart, die Fabrikwerkstatt, die Fürsorgeanstalt) kommen und damit zu einer Revision von politischen Ideologien die der Realität nicht mehr entsprechen und zu neuem, befreiten politischen Einsatz gelangen müssen.

Die Fragestellung erfuhr im übrigen während unserer Reise insofern eine Umstellung, als es sich herausstellte, daß die bulgarische Arbeitsdienstpflicht nicht so sehr Gegenstand einer sozialpädagogischen Forschung sein könnte, sondern ihrer ganzen Natur nach viel stärker vom ökonomischen Standpunkt aus zu betrachten war. Die Unergiebigkeit in der ersteren Hinsicht findet sich in der Darstellung selbst erklärt. Zur Behandlung der wirtschaftlichen Fragen mußte über die Erkundung an der vordersten Arbeitsstelle hinausgehend, statistisches Material der zentralen Behörden benutzt werden.

Da sich die Drucklegung dieses Berichtes allzusehr verzögert hatte, unternahm ich kürzlich (Spätsommer 1931) eine nochmalige Reise nach Bulgarien, fand aber die Arbeitsdienstpflicht in ihrem gesamten Gehalt, trotz der veränderten Regierungsverhältnisse unverändert und gefestigt vor. So konnte ich mich darauf beschränken die organisatorischen und wirtschaftlichen Angaben auf den neuesten Stand zu bringen und der Auseinandersetzung mit neu auftauchenden Problemen, so insbesondere der Frage des Verhältnisses von Arbeitsdienst und Arbeitslosigkeit in Bulgarien nachzugehen.

An dieser Stelle sei auch den Stellen gedankt, denen unsere Studienreise besondere verständnisvolle Förderung verdankt. Es waren dies in Bulgarien vor allem die Direktion des Arbeitsdienstes, der uns eng befreundete Jungtouristenbund und die Deutsche Gesandtschaft in Sofia, in Deutschland das Preußische Kultusministerium, die Universität und die Industrie und Handelskammer in Breslau.

Dr. iur. Hans Raupach.

Löwenberg, Schles.
Boberhaus, Januar 1932.

Balkanlandschaft ● Bei Rebrowo. Im Tal fließt der Isker, neben dem gerade noch eine Eisenbahnlinie, aber keine Straße mehr Platz hat. Die Hänge sind seit der Türkenzeit kahl geschlagen und nur mit großer Mühe aufzuforsten. Vorn die Zelte der Trudowaken, die hier Staudämme anlegen.

In dieser kargen Landschaft liegen arme Dörfer. Die hier abgebildete Dorfstraße gehört zu dem reicheren **Rila Dorf** ● Hier ist noch die alte, dem Klima und der Landschaft herrlich angepaßte Bauweise erhalten. An den Mauern trocknet der wertvolle Tabak.

Straßenbau am Schipkapaß ● So wie hier verwendet man fast überall nur Harke und Schaufel. Felsboden wird gesprengt. Bei den meisten Straßenbauten muß man sich mit Schaffung des Straßenprofils und einer einfachen Steindecke begnügen. Der Kapitalaufwand ist also sehr gering. Die Straßen genügen aber den nicht hohen Anforderungen des leichten Wagenverkehrs.

Arbeitsplatz in der Iskerschlucht ● Eine der wenigen Stellen, wo wir Feldbahnen angetroffen haben. Die Arbeit an den großen Felsbrocken ist bei 40° C Schattentemperatur nicht leicht. In der Mittagspause findet man kaum einen schützenden Baum.

Die allgemeinen Voraussetzungen

Vorbemerkung

Als Bulgarien zur Einführung eines allgemein verpflichtenden Arbeitsdienstes schritt, befand sich das Land in einer überaus schwierigen Lage. Die Substanz des Volkes war durch drei schnell aufeinander folgende Kriege erschöpft, die nach westeuropäischem Maßstab noch unentwickelte Wirtschaft durfte sich von der gewaltigen Beanspruchung und Materialabnutzung nicht erholen, sondern hatte die Last unverhältnismäßig hoher Reparationen zu erwarten. Diesen außergewöhnlichen Verhältnissen stand eine von den Wirren des Zusammenbruchs emporgetragene Regierung gegenüber, die daran ging, die Schwierigkeiten mit revolutionären, neuartigen und radikalen Maßnahmen zu bewältigen.

Eine Abhandlung über den bulgarischen Arbeitsdienst würde ohne Inbezugsetzung zu den Verhältnissen, wie sie zur Zeit seiner Einführung bestanden, unverständlich bleiben müssen. Aber selbst wenn man von der Außergewöhnlichkeit der Nachkriegszeit absieht, wird man die Einordnung des Arbeitsdienstes im Aufbau der bulgarischen Volksordnung nur begreifen, wenn man jede einzelne Erscheinung dieser Einrichtung in ein richtiges Verhältnis zu den wirtschaftlichen und gesellschaftlichen Gegebenheiten des bulgarischen Landes zu setzen sich bemüht. Um diese Bedingtheit verständlich zu machen, sollen die unentbehrlichsten Angaben über die allgemeine Lage Bulgariens und über die besondere politische Situation, wie sie zur Zeit der Einführung des Gesetzes bestand, vorausgeschickt werden.

Es ist dazu zu bemerken, daß die wesentlichsten Züge von Bulgariens wirtschaftlichem und gesellschaftlichem Aufbau in den letzten 10 Jahren, also in der Periode, die sich mit der Zeit des Bestandes der Arbeitsdienstpflicht deckt, keine tiefgreifende Veränderung erfahren haben. Es sollen also diese Verhältnisse der Übersichtlichkeit wegen nicht einer doppelten Betrachtung — für die Zeit der Einführung der Dienstpflicht und für die Gegenwart — unterzogen werden; es wird vielmehr im Ganzen die gegenwärtige Lage Bulgariens berücksichtigt, während charakteristische Züge der ersten Nachkriegszeit besonders hervorgehoben werden, oder sich aus den angeführten Zahlen vergleichsweise ergeben.

Das Land

Bulgarien liegt in der Mitte der Balkanhalbinsel, also in der Höhe Nord-Mittelitaliens und grenzt im Norden mit der Donaulinie an Rumänien, im Süden an Griechenland und die Türkei, im Westen in einer sehr umstrittenen Linie an Südslavien, die Ostgrenze bildet das Schwarze Meer. Der Gebietsumfang beträgt nach dem Friedensvertrag von Neuilly 103146 qkm.

Ein Hauptmerkmal der bulgarischen Landschaft sind die Gebirge. 37% des Landes liegen bis 200 m hoch, 33% bis 500 m. Ein beträchtlicher Teil liegt also über 500 m.

Die großen Gebirgszüge der Stara Planina (Balkangebirge) und der Rhodopen streichen in westöstlicher Richtung und sind für weite Strecken nur an wenigen Stellen überschreitbar. Große, abseits von den großen Verkehrsstraßen liegende Teile der Gebirgslandschaft bieten ihren Bewohnern nur die dürftigste Nahrung und bewahren mittelalterliche Wirtschafts- und Lebensformen. Die Fruchtbarkeit der großen Ebenen (Donauterrasse 18000 qkm, Maritzaflachland 4470 qkm) wird sehr intensiv genutzt. Der landwirtschaftlichen Nutzung unterliegen 66955 qkm oder 70,3% der gesamten Oberfläche.

Das Klima ist osteuropäisch kontinental und weist dort, wo der mildernde Einfluß des Meeres nicht hinreicht, erhebliche Temperaturunterschiede auf, doch ist es als für die Landwirtschaft recht günstig zu bezeichnen.

Die Bevölkerung

Die Bevölkerungszahl Bulgariens beträgt nach der letzten offiziellen Zählung für das Jahr 1926 5483125 Einwohner bei einer Volksdichte von 53,1 Einwohnern auf den Quadratkilometer. Am dünnsten bevölkert sind einige Kreise Südbulgariens (10—12 E pro qkm), am dichtesten West- und Nordbulgarien (Kreis Sofia mit 109,8, Vidin mit 92,0 E. pro qkm). Die geringe Bevölkerungsdichte hängt mit der agrarischen Produktionsgrundlage und auch mit der noch teilweise wenig entwickelten Volkshygiene zusammen. Mit einer Überschußzahl von 18 auf Tausend vermehrt sich die Bevölkerung aber verhältnismäßig schnell, und es ist eine entscheidende Frage, ob es bei gleichbleibender Bevölkerungsbewegung gelingen wird, durch Intensivierung oder organisatorische Umstellung der Landwirtschaft die Ernährungsbasis sicher zu stellen.

Bemerkenswert ist die Verteilung der Siedlungsformen. Nach der Volkszählung von 1926 gibt es an Siedlungen:

93	Städte	1,6 v. H.
4 265	Dörfer	74,2 v. H.
11 391	Weiler	24,2 v. H.
15 749		100

Wobei sich unter den mit „Stadt" bezeichneten Ortschaften 7 mit einer Einwohnerzahl unter 2000 befinden, weitere 31 mit 2 5000 und 30 mit 5—10000 Einwohnern. In diesen sogenannten Städten leben nur 20,7% der Gesamtbevölkerung, doch ist bei dem ausgesprochenen ländlichen Charakter der bulgarischen Kleinstadt und dem erheblichen Gartenring der größeren Städte der tatsächliche Anteil der Landbevölkerung viel größer, als die Statistik anzeigt.

Der Nationalität nach sind 80,4% Bulgaren, 10,74% Türken, 2,03% Zigeuner, 1,82% Pomaken (mohamedanische Bulgaren) 1,11% Griechen, 0,92% Juden, 0,30% Armenier, 6,29% andere. Diese Angaben aus dem Jahre 1924 sind durch die in diesen Jahren andauernde Wanderung der Balkannationen nach ihren Mutterländern, wie sie die Friedensverträge mit sich brachten, etwas gewandelt worden.

Die Wirtschaft[1])

Betrachtet man die Aufgliederung der Bevölkerung nach ihren Berufen, so ergibt sich ein solches Überwiegen des Ackerbaues vor den anderen Berufen, daß man die Bulgaren immer noch als ein Bauernvolk ansehen kann. Noch gegen 1850 war Bulgarien ein Land nahezu geschlossener Hauswirtschaft; die Städte zeigten nur Ansätze von Industrien. Die große industrielle Umgestaltung Europas zu Beginn des XIX. Jahrhunderts zieht Bulgarien erst nach 1900 in ihren Bereich.

Laut der Volks- und Berufszählung vom 31. Dezember 1926 kommen auf die Hauptberufsgruppen: a) Ackerbau, Fischerei und Jagd 80,8%, b) Industrie und Handwerk 9,1%, c) Verkehr und Transport 4,1%, d) Armee und Marine 1,1 e) Sonst. öffentl. Dienst u. freie Berufe 3,0 f) Häusliche Dienste 0,7 g) Sonstige 1,2.

Der Anteil der Landwirtschaft an der Gesamtausfuhr macht über 90% aus. Mit der Landwirtschaft befassen sich nicht nur die Bauern, sondern auch ein großer Teil (18 v. H.) der Städter. Die Anzahl der Bauernwirtschaften beträgt gegenwärtig etwa 700000, sie wächst aber infolge der Bevölkerungszunahme bei fortschreitender Erbteilung um etwa 5 v. H. jährlich an, so daß die Zahl der Stellen in 10 Jahren etwa eine Million erreicht haben dürfte. Gewinnung neuer Ackerflächen durch Trockenlegung und Melioration, intensive und rationelle Bewirtschaftung sollen die

[1]) Zum Folgenden vgl.: Ernst Buske: Die b. Landwirtschaft in „Berichten über Landwirtschaft" 1928.

Gefahr einer durch Überparzellierung zu erwartenden Krise bannen.

Die Besitzverteilung der Bauern und die sich daraus ergebenden sozialen Verhältnisse sind auch für den Gegenstand der vorliegenden Arbeit von größter Bedeutung. Die letzte Betriebszählung von 1908 zeigte folgendes Bild.

Größenklassen der Bauerngüter	Zahl und Verteilung der Eigentümer		Bebaute Fläche	
	Überhaupt	v. H.	in ha	v. H.
bis 2 ha	225040	32,0	182478	3,9
von 2 ha bis 5 ha	173858	24,0	596262	12,8
„ 5 „ „ 10 „	171657	24,4	1230380	26,9
„ 10 „ „ 20 „	101798	14,5	1382475	30,0
über 20 „	31231	4,4	1213310	26,4
Insgesamt	703593	100,0	4604914	100,0

Das Überwiegen des bäuerlichen Kleinbetriebes ist deutlich 80,4 v. H. aller Eigentümer haben Bauernstellen bis zu 10 ha. Zugleich zeigt sich auch, daß zu jener Zeit die Zusammenziehung größerer Landflächen in wenigen Händen fortgeschritten ist. Während die Kleinbauern bis zu 5 ha Bodenbesitz 56 v. H. aller Landwirte ausmachen und 16,7 v. H. der gesamten bebauten Fläche zu eigen haben, befinden sich 26,4 v. H. des Bodens bei 4,4 v. H. aller Landwirte. Die Zahl der Landlosen war bis 1923 auf etwa 28000 gestiegen.

Eine tiefgreifende Veränderung der Bodenverhältnisse brachte die Abtretung der Landesteile mit entwickelten Großbesitz (Dobrudscha) an Rumänien sowie die Agrarreform von 1920—1921. 717 Güter mit mehr als 30 ha mit einer Gesamtfläche von 40650 ha wurden unter 74566 Bauernfamilien (15747 landarme und 17125 landlose) zu niedrigen Preisen aufgeteilt.

Nach einer Schätzung des früheren Direktors des Statistischen Landesamtes, Popoff, in der Schrift „la Bulgarie cooporative" (1924) waren 1924 insgesamt 494950 Betriebe in einer Kulturenfläche von 3601000 ha vorhanden, die sich in folgender Weise verteilten:

Größenklassen	Zahl der Betriebe	Kulturfläche in ha	Flächenanteil
bis 2 ha	80000	120000	3,3
von 2—10 „	220000	1863000	51,7
„ 10—30 „	90000	1330000	36,9
„ 30—100 „	4500	203000	5,7
über 100 „	450	85000	2,4
Insgesamt	494950	3601000	100,0

Die teilweise Rückgängigmachung der Agrarreform in der Folgezeit hat eine geringe neuerliche Verschiebung zugunsten der größeren Besitzklassen gebracht, die bis jetzt zahlenmäßig nicht erfaßbar ist.

Von der Industrie ernähren sich etwa 10 v. H. der Bevölkerung, in einigen Bezirken (Gabrowo, Tirnowo, Kasanlyk) mehr als ein Drittel (33,3—54,6 v. H.). Im Durchschnitt bildet die gewerbliche Bevölkerung in den Städten 26 v. H., in den ländlichen Gemeinden 4,7 v. H. der Gesamtbevölkerung.

Seinen natürlichen Bedingungen nach ein Agrarland, entwickelte Bulgarien zunächst solche Industrien, die in unmittelbarem Produktionszusammenhang mit der Landwirtschaft standen. Selbständige Industriezweige entwickelten sich unter starkem protektionistischen Einsatz des Staates und einer überwiegenden Beteiligung ausländischen Kapitals erst in diesem Jahrhundert. Die einst hochentwickelte Heimindustrie, die vor allem metallenes Hausgerät und Lederwaren herstellte, ist der Massenfabrikation zum größten Teil erlegen. Der Handwerkerstand entgeht nur teilweise einer Proletarisierung durch genossenschaftlichen Zusammenschluß.

Allein die sogenannte privilegierte, d. h. die Vorteile des „Gesetzes zur Förderung der heimischen Industrie" genießende Industrie entwickelte sich zahlenmäßig von 20 Fabriken im Jahre 1879 auf 264 im Jahre 1909 und 941 im Jahre 1926. Dazu treten noch 24 ebenfalls privilegierte Bergbauunternehmen. Die Hauptgruppen der Industrie sind: Nahrungsmittel (189), Textil (127), Metall (122), Chemie (148), Keramik und Zement (80).

In der Industrie arbeiteten:

1910: 17 500 PS.

1926: 73 878 PS. (Es werden auch höhere Zahlen, bis 85000 PS, angegeben). So kommt 1926 auf etwa 74 Einwohner ein PS [in Deutschland (1925!) auf 3,25 Einwohner, in Gewerbe und Verkehr 3,14 Einwohner auf ein PS, ohne Einrechnung der mobilen Maschinen]. Die Zahl der Arbeitnehmer betrug:

1910: 13 231.

1922: 35 380[1]).

Das Verkehrswesen ist ein noch unentwickeltes Glied des bulgarischen Wirtschaftsaufbaues, sowohl was die Länge der Verkehrswege als auch die Zuordnung der verschiedenen Verkehrsarten anlangt. Die Rückständigkeit des Wegenetzes ist aus dem späten Eintreten Bulgariens in die Zusammenhänge der bereits hochentwickelten kapitalistischen Verkehrswirtschaft des Westens zu erklären. Nach der Befreiung aus dem rückständigen Wirt-

[1]) So der Länderbericht des Ost Europa-Instituts Breslau. Die Sowjet-Enzyklopädie gibt mit Einrechnung des Bergbaues für 1922: 55717 Industriearbeiter an.

schaftssystem der Türkei vor 50 Jahren, mußte vor allem der Bau von Eisenbahnlinien begonnen werden, um möglichst schnell einen Anschluß an das westeuropäische Verkehrsfeld zu gewinnen. Das Landstraßensystem, das unbeeinflußt von dem Auftrieb der Handels- und Kriegstechnik Europas, in der Türkenzeit auf dem Stande der alten Römerstraßen geblieben war, konnte mit dieser Entwicklung nicht Schritt halten. So kann auch wiederum die Eisenbahn infolge des ungenügenden Zubringeverkehrs ihre volkswirtschaftliche Funktion nicht vollkommen erfüllen. Diese Unzulänglichkeit der bulgarischen Verkehrsverhältnisse greift so fühlbar in die Ökonomie des Einzelnen wie auch der Gemeindeverbände ein, daß außergewöhnliche Maßnahmen zu Behebung dieser Not — und dazu gehört auch die Wegebaupflicht und der Arbeitsdienst — willig anerkannt werden.

Nach der Zählung von 1926 gab es in Bulgarien:

Staatsstraßen	8587 km, oder 13	km auf 1000 Einw.,	6,91 km auf 100 qkm
Gemeindewege	12729 km, oder 11,36	km auf 1000 Einw.	6,04 km auf 100 qkm
Im ganzen	21316 km, oder 24,36	km auf 1000 Einw.	12,95 km auf 100 qkm

Nur 54,40 v. H. der Gesamtwege wurden von der offiziellen Statistik als in gutem Zustande befindlich bezeichnet.

Auch nach den Eisenbahnbauten, die während des Krieges zu militärischen Zwecken vorgenommen worden sind, hatte Bulgarien nur ein sehr zusammenhangloses Eisenbahnnetz. Auf ein Gebiet von 103000 qkm kamen 2205 km Normalspur — und 353 km Schmalspurbahnen, welche im übrigen nicht gleichmäßig verteilt und zum Teil provisorisch angelegt waren. Dazu kam die schlechte Beschaffenheit des rollenden und des Schienenmaterials durch die erhöhte Belastung des Krieges.

Nach einem Bericht von 1925/26 beträgt die Länge des normalen Bahnnetzes 2308 km. Um 1930 betrug die Gesamtschienenlänge rund 3000 km, der projektierte Gesamtbedarf 5000 km. In 50 Jahren sind rund 2500 km, fast ausschließlich mit heimischen Kräften und mit ordentlichen Mitteln des Staatshaushalts errichtet worden.

Die politischen Verhältnisse in der Nachkriegszeit

Die Arbeitsdienstpflicht (bulg. trudowa powinnost, hinfort abgekürzt trud. pow.) ist ein Teil der Reformen der Bauernregierung der ersten Nachkriegsperiode, ein wichtiges Glied in einer Reihe von Maßnahmen, die die wirtschaftliche und moralische Festigkeit des durch den militärischen Zusammenbruch und das Friedensdiktat von Neuilly schwer erschütterten Landes wieder heben sollten. Da die Einführung der trud. Pow. auch in Bulgarien ohne diese außergewöhnlichen politischen Umstände kaum denkbar gewesen wäre, so ist die Kenntnis dieser besonderen Situation für ein Verständnis der trud. pow. notwendig.

Ohne sich von den aufreibenden Anstrengungen der beiden balkanischen Kriege von 1912 und 1913 auch nur im geringsten erholt zu haben, trat Bulgarien in der Hoffnung auf Verwirklichung seiner nationalen Ziele, vor allem die Gewinnung des stammverwandten Mazedoniens an der Seite der Mittelmächte in den Weltkrieg. Mit der Besetzung Mazedoniens erreicht Bulgarien sein unmittelbares Kriegsziel und der Krieg verliert für den bulgarischen Bauern jeden greifbaren Sinn. Die ungenügenden Hilfsquellen des Landes und der Verbündeten können auf die Dauer die mazedonische Front gegen die immer besser gerüsteten Angriffe der Saloniki-Armee nicht halten; und so kommt der militärische Zusammenbruch, dem im Innern schon im Juni 1918 im Kabinettwechsel Radoslawoff-Malinoff ein deutlicher Stimmungsumschwung nach der Seite einer baldigen Kriegsbeendigung vorangegangen war. Die neuen Kabinette Malinoff und Todoroff zeigen sich ententefreundlich, und hoffen auf diese Weise am ehesten zu erträglichen und „gerechten" Friedensbedingungen für das Land zu kommen. Als aber Todoroff im September 1919 in den Friedensbestimmungen von Neuilly eine verkleinerte Wiedergabe des Versailler Diktats in der Hand hält, glaubt er nicht, vor dem enttäuschten Volk und der Gefahr eines kommunistischen Umsturzes bestehen zu können, und rät dem König, die Macht an Stambolijski zu geben, der als Führer der Agrarpartei bereits Todoroffs Kabinett angehört hatte.

Damit kommt in der sehr gefährlichen, fast verzweifelten Lage Bulgariens eine Gruppe zur Herrschaft, die mit großer Ausschließlichkeit und mit der Absicht einer völligen Veränderung der bisherigen Machtverhältnisse im Staate an die Lösung der verwickelten Probleme herangeht.

Die Schichten, die jetzt zur Macht kommen, hatten bisher keinen Anteil an der Leitung des Staates gehabt. Vor 50 Jahren hat Bulgarien den Anschluß an die gesellschaftliche Entwicklung des westlichen Europa gewonnen, und war bis 1895 vollauf damit beschäftigt, sich in die zwischenstaatlichen Zusammenhänge einzugliedern. Die Lebensprobleme des bulgarischen Staates lagen damals — wenigstens scheinbar — in der Außenpolitik, in der Festigung seiner Souveränität. Die städtische Intelligenz der aufstrebenden Städte macht sich sehr schnell die westlich-bürgerliche Ideologie zu eigen: Wohn- und Lebensformen, Parlament und Konstitution, Rechtssatzung und Wissenschaft werden dem westlichen Muster nachgebildet, ohne den Zusammenhang mit der bäuerlichen Vergangenheit und Besonderheit des Landes zu wahren. Dieser Vorsprung in der Zivilisation gibt der Stadt die Möglichkeit, das Land zu regieren; das Land ist gegen diese Bevormundung wehrlos und empfindet sie als Unterdrückung, durch eine kleine Schar Intellektueller, die aus der Politik ein Geschäft machen[1]). Es ist sicher, daß die Politiker jener Zeit vergessen haben, daß in dem Fleiß und der Hartnäckigkeit der kleinen freien Bauern allein die Grundlage für jeden Aufstieg Bulgariens gegeben war[2]). Um die Jahrhundertwende, gleichzeitig mit einer Verschiebung der Verhältnisse zu Ungunsten der Kleinbauern setzt die Gegenbewegung ein, um dieses ungerechtfertigte Übergewicht der „Gesetzgeber, Journalisten und anderer gewerbsmäßiger Politiker" zu brechen, sie zur Einsicht in die Wirklichkeit der bulgarischen Lebensbedingungen zu nötigen. Am 1. September 1899 erscheint in einem kleinen agrarischen Provinzblatt ein „Aufruf ans Volk", gezeichnet von drei bisher unbekannten Männern — Sabunoff, Dragieff und Zanko Bakaloff, — in dem die Landbevölkerung aufgefordert wird, zur Geltendmachung ihrer Lebensrechte eine unabhängige Partei, in gleicher Opposition gegen die Bürgerlichen und Sozialisten zu gründen. Wie sehr dieser Apell dem Volkswillen entgegenkam, zeigt der Wahlausgang von 1907: 23 Abgeordnete rechnen sich zum „Semledeltscheski Söjus" dem „Bauernbund". Die Leitung der neuen Agrarpartei liegt bei Leuten, die unmittelbar dem Bauernstand entstammen, Volksschullehrern und kleinen Landbeamten ohne große Bildung, aber mit schlagfertiger Intelligenz und Energie. Ein klares Programm mit theoretischer Begründung wird nicht ausgebildet. Die Forderungen nach einer „Überdemokratie" verbanden sich mit dem Wunsche nach einer Diktatur des Landvolkes. Die Hauptschlagworte bleiben der Widerstand gegen die Stadt, die Verherrlichung des arbeitenden Landmannes, die Verachtung der Stadtmenschen, des Händlers, des Advokaten, der landfremden Intellektuellen.

So ist es auch zu verstehen, daß sich die Partei unter ihrem Führer Stambolijski gegen die kriegerischen Verwicklungen Bulgariens von 1912—1915 in schärfstem Widerspruch befindet. Zwei Tage nach dem Mobilmachungsbefehl vom 27. September 1915 fordert Stambolijski zur Revolution auf und wandert dafür mit anderen Bauernführern ins Gefängnis, aus dem er seine Propaganda weiter betreibt, und 1918 von der Volksmenge schließlich befreit wird. Im Kabinett Todoroff sitzen bereits Stambolijski und Dragieff als Minister. Bei den Wahlen von 1919 erringt der Bauernbund 83 Sitze von 229. Es folgen die Kommunisten mit 49 Sitzen, dann die Sozialisten; demgegenüber erleiden die bürgerlichen Parteien aller Schattierungen große Verluste. Als die Gruppe, die mit dem größten organisierten Machtanspruch auftreten konnte,

---

[1]) „Sofia ist unser größter Feind, das Sofia der Ausbeuter und Leuteschinder." Stambolijski auf dem Bauernkongreß am 31. V. 1922.

[2]) Schmitt, Ferd. The Balkan Peninsula and the near east, London 1922, S. 418.

übernimmt der Bauernbund nach der Demission Todoroffs im September 1919 die Regierung. Die inneren und äußeren Schwierigkeiten der neuen Regierung waren außerordentlich. Stambolijski und seine Partei gingen mit radikalen Maßnahmen ans Werk.

Die Regierungsform bleibt äußerlich unverändert, in Wirklichkeit übt der Bauernbund die Diktatur eines Standes aus, allerdings getragen von dem Gefühl, daß dieser Stand den überwiegenden Teil des Volkes und damit den eigentlichen Volkswillen darstelle. Der alljährige Kongreß der 3000 Bauerndelegierten kontrolliert Ziele und Tätigkeit Stambolijskis und seiner Minister, die als Beauftragte dieses Kongresses das Land regieren. Am Ende jeden Jahres bietet die gesamte Regierung dem Kongreß ihre Demission an und erhält nach Abgabe der Rechenschaftsberichte ihre neuerliche Bestallung.

Die Diktatur der Bauernschicht wollte die anderen Bevölkerungsteile weitgehend ausschalten. Eine Hauptmaßnahme zur Erledigung der bürgerlichen Schicht war das Gesetz vom 1. September 1921 über die Verurteilung der verantwortlichen Urheber des nationalen Zusammenbruchs, dessen Artikel 4 alle diejenigen die als Privatleute oder als Angehörige des Heeres und der Verwaltung im Kriege aus Spekulationen und Transaktionen Nutzen gezogen hatten, die die Truppen oder die Bevölkerung bedrückt, die den Krieg in irgendeiner Weise verursacht oder verlängert hatten, mit Zuchthaus bis zu 5 Jahren bedroht. Es ist klar, daß der Artikel in dieser Fassung eine Drohung gegen einen beliebig zu erweiternden Menschenkreis aussprach. Menschen und Kapital flüchteten ins Ausland.

Auf der anderen Seite kämpft man gegen die Linke. Die kommunistische Strömung, die sich besonders unter den staatlichen Arbeitern bemerkbar macht, führt zu einem Generalstreik, der aber durch eine energische Mobilmachung der Bauern unterdrückt wird. Später hatte sich Stambolijski in seinem Verhalten, Angriff auf die demokratische Verfassung und das Privateigentum, nicht nur gefühlsmäßig den Kommunisten genähert.

Die Justiz sollte eine gewaltsame Reform nach dem Volkstümlichen erfahren. Für die kleineren Sachen waren ländliche Schwurgerichte vorgesehen, der Friedensrichter sollte der Reihe nach in den Orten seines Bezirks Recht sprechen. Der Rechtsanwalt, der Prototyp des bösen Intellektuellen für den bulgarischen Bauern, sollte so gut wie verschwinden.

Die Eingriffe in die bisherige Wirtschaftsverfassung entsprachen den Wünschen der Bauern. Jeder Zwischenhandel sollte ausgeschaltet werden. Staatlich unterstützte Genossenschaften vermitteln den Weg zwischen Hersteller und Verbraucher, das Staatsmonopol für Getreideausfuhr werden eingerichtet. Hier wie auch an anderen Stellen griff der Machtspruch des Auslandskapitals ein, das die händlerische Freiheit wieder herzustellen wünschte. Dennoch hielt der Bauernkongreß von 1922 grundsätzlich an dieser Einrichtung fest.

Von der Agrarreform war schon oben die Rede. Der Ausgangspunkt des Gesetzes war der Grundsatz, daß jeder nur soviel Land besitzen durfte, wie er mit seiner eigenen Arbeitskraft und der seiner Familienangehörigen bewirtschaften konnte. Es war dies eines der wenigen Gesetze, das von der bürgerlichen Restauration übernommen und erst in letzter Zeit wieder beseitigt worden ist.

Die Begünstigung der Bauern zeigte sich auch in der Steuergesetzgebung. So brachte die Grundbesitzsteuer, die hauptsächlich von den Bauern aufzubringen war, im Jahre 1911 17 Millionen Lewa der Gesamteinnahme (also 1 : 114,7), während dieselbe Steuer in den Jahren 1920—1921 28 Millionen Lewa eine etatmäßige Gesamteinnahme von nur 2 Millionen Lewa (1 : 1006,5) erbrachte. Wenn auch die Industriearbeiter zu dieser Regierung von Werktätigen in Opposition standen, so lag dies in der offenbaren Bevorzugung des flachen Landes vor der Stadt samt ihrem industriellem Proletariat.

Den Höhepunkt der Bauernmacht bedeuten die Wahlen im April 1923, wo der Bauernbund 54 v. H., die Kommunisten 24 v. H. der Stimmen erhalten. Stambolijski kündet die Vernichtung der Bourgeoisie und die restlose Übernahme durch den Bauernbund an, wird jedoch am 9. Juni durch einen Bund von Militärs und einer Anzahl junger Intellektueller unter stillschweigender Beteiligung aller konstitutionellen Parteien gestürzt[1]).

Die Folgezeit der Kabinette Zankoff und Ljaptscheff stehen vollkommen unter dem Zeichen der bürgerlichen Restauration, von deren Maßnahmen Bauernpartei und Kommunisten gleichmäßig betroffen werden.

Erst der Wahlausgang des Juni 1931 bringt den Bauernbund zusammen mit der bürgerlichen Linken, diesmal freilich unter ganz anderen Vorzeichen erneut an die Macht.

Zusammenfassend läßt sich auch zu der, für die innere politische Entwicklung Bulgariens außerordentlich wichtigen Stambolijski-Periode kurz sagen: Die Machtergreifung durch die Kleinbauern vollzieht sich im Zusammenhang mit der revolutionären Welle, die alle besiegten Staaten der Nachkriegszeit ergriff. Die Bewegung bricht aus der, dem Balkan eigentümlichen latenten Spannung Stadt-Land hervor und erhält einen starken Antrieb durch die russische Revolution, trotz der Ablehnung ideeller Zusammenhänge mit dem Kommunismus.

Die Stambolijski-Gruppe handelt ohne ein logisches Programm;

---

[1]) Theodor Christoff, Das heutige Bulgarien 1930, S. 64.

ihre wenig tragfähige ständische Theorie von der Professionalisierung des Landes, führt zu einem sehr opportunistischen Kurs, der unter Bevorzugung der Standesinteressen der überwiegenden Massen des Kleinbauerntums an einen Staatssozialismus unter bäuerlicher Diktatur nahe heranführt.

Die Gründe des Zusammenbruches liegen vorwiegend in der Unfertigkeit der wirtschaftlichen Zielsetzung, in der mangelnden Organisation der Kleinbauern, die sich zwischen der größeren politischen Routine des opponierenden Bürgertums und der Zersetzung durch die äußerste Linke nicht behaupten konnte. Wie weit eine verdeckte Intervention der westlichen Kapitalmächte eine entscheidende Rolle gespielt hat, läßt sich heute noch nicht mit Sicherheit tragen.

Entstehung und gesetzliche Grundlage der trudowa powinnost

Der Gedanke einer allgemeinen Dienstpflicht findet sich ursprünglich bei keiner politischen Partei in Bulgarien. Doch ist es sicher kein Zufall, daß gerade in den Reihen des Bauernbundes zuerst Stimmen laut wurden, die die Enge der Kasernenerziehung für unproduktiv hielten, die eine Erweiterung des Erziehungszieles zur staatsbürgerlichen Bildung in sehr umfassendem Sinne, zu einer ideellen Vereinigung militärischer Instruktion und geistiger Ausbildung forderten. Ein solches Programm verkündete auch der Dichter Zanko Bakaloff in der Zeitschrift „Semledelska Misl".[1]) Von ehemaligen Mitarbeitern Stambolijskis wurde uns versichert, daß Stambolijski unmittelbar auf jene Anregung bei der Einführung der Arbeitsdienstpflicht zurückgegriffen habe. Doch verdankt die trud. pow. ihre Entstehung nicht allein einer kühnen Gedankenverbindung des Politikers; die Akten des Arbeitsministeriums zeigen vielmehr eine folgerichtige Entwicklung des ganzen Planes aus Einrichtungen, die in Bulgarien bereits in der Vorkriegszeit vorhanden waren. Bald nach Kriegsende wird sich das Ministerium für öffentliche Arbeiten darüber klar, daß die unverhältnismäßig starke Abnutzung der Straßen durch den Verkehr des Krieges und ihre notdürftige Instandhaltung einen unhaltbaren Zustand geschaffen hatte, der mit den normalen Mitteln des Budgets nicht zu heilen war. Man erinnerte sich deshalb eines Wegebaugesetzes von 1912 (seine Wurzeln reichen noch in die türkische Periode) das eine Wegebaupflicht einführte, die persönlich oder durch Fuhrdienst abzuleisten war. Eine Ablösung durch Geld war möglich. In einem Rundschreiben vom Mai 1919 an die Bezirksbaumeister wird deren gutachtliche Äußerung zur bisherigen Bewährung des Gesetzes und der Möglichkeit einer Abänderung eingeholt und im September 1919 eine besondere Kommission für eine Neufassung des Wegebaugesetzes eingesetzt. Der neue Entwurf eines „Gesetzes für Wegebau" wird der Kammer am 21. August 1920 vorgelegt. Die neuen Voraussetzungen des Gesetzes und die sich daraus ergebenden Änderungen werden ausführlich motiviert. Die Beschleunigung des Wiederaufbaues des Wegenetzes sei eine Aufgabe, die von allen begriffen werde, vor allem von der ländlichen Bevölkerung, die besonders schwer darunter leide. Am schwierigsten sei die Geldbeschaffung. „Es

[1]) Vgl. auch Rosenstock: Ein Landfrieden, Denkschrift 1912 in: Picht und R.: Im Kampf um die Erwachsenenbildung 1926.

läßt sich leicht vorausberechnen, wie sich das Resultat gestalten wird, wenn heute ein Tagewerk mit 30—40 Lewa bezahlt und der Transport eines cbm Steine auf eine Entfernung von 3—4 km mit 120—150 Lewa, bei einem Inkrafttreten dieses Gesetzes aber nur mit 10 Lewa entgolten wird. Neue Gemeindestraßen würden unter normalen Bedingungen teurer zu stehen kommen als unsere Eisenbahnen.... Unter solchen Umständen bleibt nichts anderes übrig, als daß sich die Bevölkerung selber hilft und das kann nur durch eine in natura, durch Arbeit oder Fuhrleistung abzuleistende, für alle verpflichtende Wegebaupflicht geschehen."

„Ich weiß, wie sehr die Pflicht zur Naturalleistung historisch überlebt ist, daß sie im Grunde (wie fast alle Kopfsteuern) ungerecht ist, wie viele Schwierigkeiten und Unannehmlichkeiten ihre Ableistung mit sich bringt. Ich habe mir alle Bedenken in dieser Frage selbst vorgelegt und beantwortet, aber es gibt kein anderes Mittel um das Ganze zu erreichen. Die Bevölkerung fordert um jeden Preis Straßen, so soll sie auch bereit sein, dafür zu arbeiten. Damit es ihr billiger zu stehen kommt, soll sie für den Wegebau ihre billigste Zeit verwenden, in der keine Feldarbeit zu verrichten ist.

Ich leugne nicht, daß diese Pflicht sich von der allen verhaßten Angaria[1]) (d. i. Zwangsarbeit während der Türkenzeit) nur insofern unterscheidet, daß sie nur in streng festgelegtem Rahmen abgeleistet werden soll, der keinen Raum für Willkür gibt. Im Grunde ist aber das Wesen dieser Arbeit ein ganz anderes: Der Verpflichtete soll nicht für hunderte Kilometer verschleppt allen Unbilden des Wetters ausgesetzt, auf bloßer Erde schlafen und für irgend einen Wegeaufseher des Sultans arbeiten, sondern alle arbeiten an Wegen, die sie jeden Tag benutzen müssen, auf denen sie ihre Erzeugnisse zu Markte bringen, ihren Bedarf heranfahren usw. Das Fehlen dieser Straßen macht sich also ganz empfindlich bemerkbar, ihr Nutzen wird von den Verpflichteten eingesehen, welcher Klasse der Bevölkerung sie auch angehören mögen... (Stambolijski)."

In der Zwischenzeit wird durch den Vertrag von Neuilly auch für Bulgarien die allgemeine Militärdienstpflicht abgeschafft und eine Söldnerarmee vorgeschrieben, die nur etwa ein Drittel der bisher zum Heeresdienst eingezogenen jungen Männer erfaßt. So liegt der Gedanke nahe, die bisherige Auflage der Militärpflicht, an die das Volk gewöhnt war, mit dem Plan einer allgemeinen Wegebaupflicht zu verbinden. Im Zusammenwirken von Kriegsministerium und Ministerium der öffentlichen Arbeiten wird eine Kommission eingesetzt, die die organisatorischen Voraussetzungen für eine allgemeine Arbeitsdienstpflicht schaffen soll. Die führenden technischen Leiter der Eisenbahn-, Post- und Wegebauverwaltung nehmen an diesen Vorbereitungen teil. Dieser Ausschuß vergegenwärtigt noch einmal die schwierige Finanzlage des Staates, die ungeheure Abnutzung des Verkehrssystems durch die starke Beanspruchung während des Krieges und die Aussichtslosigkeit, diese Mängel in absehbarer Zeit auf normalem, das heißt auf dem

[1]) Hervorragendes Beispiel bei F. Kanitz: Donau-Bulgarien, 1880, II. S. 67.

Wege der Mittelbeschaffung durch den Haushalt zu beseitigen und folgert daraus die sofortige Einrichtung einer besonderen Arbeitsdirektion. Auf Grund dieser Vorarbeiten wird unter Zuziehung von Vertretern des Kultusministeriums, des Landwirtschaftsministeriums und der Gesetzgebungskommission ein Gesetzentwurf für eine Arbeitsdienstpflicht ausgearbeitet und dem Ministerrat vorgelegt. In einer Denkschrift wird die Verschärfung der Lage durch den Friedensvertrag besonders betont und die Zusammenfassung sämtlicher Arbeitskräfte der Nation zur Selbsthilfe gefordert. Der Ausweg der Aufnahme fremder Anleihen wird ausdrücklich abgelehnt. Der vom Ministerrat gutgeheißene Plan wird einer neuen Kommission, die in bemerkenswerter Vollständigkeit aus Vertretern sämtlicher für die wirtschaftliche Organisation und geistige Erziehung des Volkes verantwortlichen Instanzen zusammengesetzt ist, zur endgültigen, zur Vorlage vor der Nationalversammlung geeigneten Umarbeitung übergeben.

Stambolijski legt den Entwurf selbst vor, wobei er unter anderem ausführt:

Meine Herren Abgeordneten,

die Friedenskonferenz zu Paris hat Bulgarien den Frieden unter Bedingungen aufgezwungen, die ungerecht in politischer und zugleich erdrückend in wirtschaftlicher Hinsicht sind, doch darf uns die durch diesen Vertrag geschaffene Lage nicht entmutigen. Wenn wir uns in unser Schicksal fügen, müssen wir uns anstrengen, um uns unseren neuen Lebensbedingungen anzupassen. Indem wir uns einmal entschlossen haben, mit der Vergangenheit zu brechen, den Weg der tollen Abenteurer, die militärischen Spaziergänge, die zur Katastrophe führen, aufzugeben, müssen wir uns fest und ohne Zögern einen Weg nach der entgegengesetzten Richtung bahnen, d. h. den Weg der friedlichen Kultur und der wirtschaftlichen Entwicklung. Durch dieses Mittel können wir nicht allein der schrecklich schwierigen Lage, in die wir durch die Pariser Konferenz versetzt sind, entgehen, wir können auch das wiedergewinnen, was uns der Krieg verlieren ließ.

Das bulgarische Volk ist ohne jeden Zweifel bedächtig und arbeitssam; doch obwohl es von den Strahlen der Zivilisation schon erhellt ist, so hat es dennoch keinen tatsächlichen Fortschritt seines wirtschaftlichen Lebens verwirklichen können. Es ist also notwendig eine vernünftige Entwickelung, welche nicht allein eine höhere wirtschaftliche Kultur unseres Volkes zum Ziele hat, sondern die zugleich der Produktion einen kräftigen Aufschwung verleiht. Der Entwurf eines Gesetzes, das die Verpflichtung des Einzelnen zur Arbeit gegenüber der Gesellschaft zum Gegenstand hat, oder kurz gesagt der Entwurf eines Arbeitsdienstpflichtgesetzes, welches Ihnen vorzulegen ich die Ehre habe, wird, wie ich hoffe, in dieser Hinsicht die besten Wirkungen zeitigen. Wie aus dem Text selbst hervorgeht, verfolgt dieses Gesetz folgende Ziele:

1. Aufrechtzuhalten und zu vervollkommnen jene besondere Art Auflage wie sie die Militärdienstpflicht darstellt, und an die das bulgarische Volk bereits gewöhnt ist.

2. Die Erziehung zu fördern, und die Jugend an das praktische Leben zu gewöhnen.

3. Die Jugend einer eindringlichen und methodischen Schulung zu unterwerfen.

4. Die Produktion der Staats- und öffentlichen Güter zu organisieren und zu intensivieren.

5. Die Reichtumsquelle, die menschliche Arbeit zur Zeit ihrer größten Ergiebigkeit aber auch ihrer größten Vereinzelung zu vergemeinschaften.

6. Das Gefühl für die sozialen Aufgaben und das Interesse an den nationalen und gesellschaftlichen Reichtümern aufrecht zu erhalten.

7. Den wirtschaftlichen Fortschritt Bulgariens überhaupt zu intensivieren.

8. Zu helfen, Bulgarien aus den Trümmern des Krieges zu erheben.

Meine Herren Abgeordneten, der Gesetzentwurf über die Arbeitsdienstpflicht enthält eine ganz neue Organisation der menschlichen Arbeit. Der Gedanke, der ihm zugrunde liegt, entspricht genügend dem Empfinden des Volkes und braucht niemanden zu schrecken. Ich bin überzeugt, daß, wenn diese Idee von allen angenommen und ins Werk gesetzt sein wird, mit Hilfe eines taktvoll, verständnisvoll und mutig angewandten Gesetzes, sie in kurzer Zeit das beste Mittel sein wird, um die sittliche, wirtschaftliche und soziale Lage Bulgariens zu verändern.

Da ich von der außerordentlich nützlichen Rolle dieses Gesetzentwurfes fest überzeugt bin, bitte ich sie inständig, denselben so schnell wie möglich in ein Gesetz zu verwandeln, damit dieses von diesem Frühjahr ab in tatsächliche Wirksamkeit treten kann. Ich halte es nicht für überflüssig, Ihnen bekannt zu geben, daß dieser Entwurf, den ich selbst in aller Eile entworfen und aufgesetzt habe, einer aus den Generalsekretären aller Ministerien zusammengesetzten Kommission unterbreitet worden ist, um von neuem redigiert zu werden, daß er schließlich durch den Ministerrat durchgesehen und hierauf die Beglaubigung einer anderen, aus etwa 25 Beamten und Schriftstellern bestehenden Kommission unterworfen worden ist; daß er schließlich durch den Ministerrat selbst noch einmal in die Hand genommen wurde, der ihm seine endgültige Fassung gegeben hat.

Erst nach einer so gründlichen Vorbereitung lege ich den vorliegenden Entwurf zu Ihrer Beratung vor; ich füge noch hinzu, daß bereits alle Maßnahmen getroffen worden sind, um das Gesetz sofort zur Ausführung zu bringen, sobald ihre Zustimmung dazu vorliegt."

Im Hinblick darauf, daß das Gesetz eine nochmalige, grundlegende Veränderung erfuhr, seien hier die Hauptzüge der ersten Fassung mitgeteilt:

1. Die jungen Bulgaren beiderlei Geschlechts sind zum Arbeitsdienst verpflichtet.

2. Die Dienstzeit beträgt für die Männer ein Jahr, für die Frauen 6 Monate.

3. Die Verpflichtung zum Dienst beginnt bei den Männern nach Vollendung des 19., bei den Frauen nach Vollendung des 15. Lebensjahres.

4. Befreiungen sind in begründeten Ausnahmefällen vorgesehen, doch ist der Loskauf nicht gestattet.

5. Bei großen Naturschäden oder sonstiger gemeiner Not, können alle Männer unter 50 Jahren zur Arbeitsdienstpflicht bis zu 4 Wochen durch die Regierung aufgerufen werden.

In seiner groß angelegten Rede, gehalten in der Sobranje im August 1920[1]) bezeichnete der Sozialist Januloff die Arbeits-

---

[1]) Trudowata powinnost i sozialisazata (Arbeitsdienstpflicht und Sozialisierung) auch gedruckt erschienen bei Peskalew, Sofia 45 S.

dienstpflicht als unbezahlte Zwangsarbeit. Sie sei eine Arbeitssteuer, eine Kopfsteuer, das Unmodernste, was es gäbe. Die gesetzlichen Arbeitsziele gehörten der Spezialistenarbeit. Man könne das Wirtschaftsleben nicht in ein Kasernensystem zwingen. Er bemängelt die umfassende Zielsetzung, die kaum ein Wirtschaftsgebiet unerwähnt lasse, und deshalb bloßes Pathos sei, ein sentimentales Projekt, das nicht helfe.

„Der Kapitalist wird seinen Sohn gerne schicken, denn in der Rente hat er weiterhin Einkommen und Gewinn, der Arbeiter wird alles verlieren, weil er gezwungen ist, 16 Monate ohne Bezahlung zu arbeiten." Das Gesetz stehe im Widerspruch zur Differenzierung der Arbeit, der Arbeitsteilung, der Spezialisierung. „Treibt nicht die Leute, statt sie zu spezialisieren, zum Bahnbau oder ähnlichen Unternehmungen. Damit steigert man die Produktion nicht... Die Heeresverfassung taugt nicht fürs Wirtschaftsleben... Ihr werdet die Masse Kleinbauern zu den Landbaronen, zu den Großagrariern schicken, nur zu diesen, das ist die Tendenz des Gesetzes."

Schließlich hält Januloff die Finanzierung des ganzen Planes für undenkbar. Er errechnet die Gesamtunkosten auf etwa 1 Milliarde Lewa. Der Aufstieg liege nur in einer Sozialisierung der Produktionsmittel.

Januloffs Kritik ist im ganzen allzu theoretisch, ohne Berücksichtigung der besonderen Verhältnisse Bulgariens. Er verlangte Rationalisierung in einem Lande, wo wichtige Voraussetzungen einer intensiven Landwirtschaft, ein ausgebautes Straßennetz z. B. fehlen, dessen Nationalvermögen so erschöpft war, daß man an keine ausreichende Investierung in der Industrie denken konnte. Der Hinweis auf die Ausnutzung durch Großagrarier war verfehlt, da es praktisch keine solchen gab. Bedeutsam ist der Vergleich zwischen den wirtschaftlichen Folgen des Arbeitsopfers bei Reich und Arm. Ein Einwand, dessen Gewicht bei der späteren Fassung des Gesetzes mit seiner Loskaufmöglichkeit nur gesteigert werden mußte.

Die Ablehnung durch die Bürgerlichen entsprang zunächst liberalen Vorstellungen, die einen solchen Eingriff in die individuelle Lebenssphäre nicht vertrugen. Die Kritik der Wissenschaftler stützte sich ebenfalls auf Lehren der liberalistischen Nationalökonomen. Der Einzelne leiste in seinem selbstgewählten Beruf viel mehr, als im Einsatz bei Werken, die mit seiner persönlichen Arbeitsschulung nicht das geringste zu tun haben. Es wurde bei diesem Argument jedoch außer acht gelassen, daß es den Verfassern des Gesetzes darauf ankam, bestimmte Notstandsarbeiten mit Vorrang abzufertigen, und daß diese Arbeiten die Zusammenführung von Einzelkräften, abgesehen von der besonderen Arbeitsfähigkeit des Einzelnen erforderte.

Die Ablehnung der Frauenarbeit durch die Bürgerlichen entsprach wohl besserer Einsicht in die tatsächliche Stellung der Frau in der bulgarischen Gesellschaft.

Gegen die Stimmen der bürgerlichen, sozialistischen und kommunistischen Abgeordneten, mit der geschlossenen Stimmenabgabe der Bauernbündler wird das Gesetz am 23. Mai 1920 angenommen, durch den Ukas vom 5. Juni 1920 ausgefertigt und im bulgarischen Staatsanzeiger (Dörschawen Vestnik) Nr. 56 vom 14. Juni 1920 veröffentlicht und damit rechtskräftig.

Die praktische Verwirklichung kommt jedoch nicht so schnell, wie es die Regierung angekündigt hat. Die ersten Verwaltungsverordnungen erscheinen erst am 25. Oktober und 4. November 1920. So konnte die erste Einberufung nicht vor dem Frühling 1921 erwartet werden. Da wird plötzlich der Weiterbestand des Gesetzes durch einen Entschluß der Botschafterkonferenz zu Paris vom 9. Dezember 1920 in Frage gestellt, worin die Anwendung des Gesetzes verboten wird, weil es mit den Artikeln 65, 70 und 74 des Friedensvertrages von Neuilly unvereinbar sei[1]).

Diese Intervention geschieht auf Betreiben der Nachbarn Bulgariens, die, selbst bis an die Zähne bewaffnet, jede Regung des Besiegten mißtrauisch beobachteten.

Die Beschwerden betreffen zunächst Einzelheiten der Verordnung vom 4. November, da man in der dort entworfenen Organisation, vor allem in den Bezeichnungen der Verbände und der Erhebungskommission allzu große Ähnlichkeit mit der früheren Heeresverfassung erblickte.

Jene Verordnung wird am 14. März 1921 abgeändert; doch schon erregen die ersten Einberufenen einen neuen Argwohn. Sie sind uniformiert, und unterliegen einer straffen Disziplin. Schließlich greift man den Geist und die Gesamtanlage des Gesetzes überhaupt an. Die systematische Erfassung aller jungen Leute durch die Aushebung, ihr Zusammenwohnen in Kasernen, endlich die Möglichkeit, die gesamte Bevölkerung in dringenden Fällen einzuberufen, das alles erinnert an Mobilmachung, an Kriegsbereitschaft, ist eine unerwünschte Bereitstellung der Verteidigungskräfte des Landes.

Trotz aller Gegenvorstellung der bulgarischen Regierung erklärt die Entente die Unvereinbarkeit des Gesetzes mit dem Artikel 68

---

[1]) Art. 65. — Die allgemeine Wehrpflicht ist in Bulgarien abgeschafft. Das bulgarische Heer setzt sich in Zukunft nur aus Freiwilligen zusammen.

Art. 70. — Jede Truppenvereinigung, die nicht in diesen Artikeln vorgesehen ist, ist verboten. Alle über das festgesetzte Maß hinausbestehenden sind in der Art. 64 vorgesehenen Frist aufzulösen.

Art. 74. — Die Unterrichtsanstalten außer den in Art. 73 vorgesehenen, die Universitäten, die Vereinigung der entlassenen Soldaten, Touristenverein, die Bünde der „boy scouts“ und Vereinigungen und Bünde jeder Art, dürfen sich nicht mit militärischen Angelegenheiten befassen. Sie sind unter keinem Vorwand berechtigt, ihre Schüler oder Mitglieder im Waffengebrauch zu unterrichten.

des Vertrages von Neuilly[1]), sie verlangt, daß man die bereits zur Dienstleistung Einberufenen nach Hause schicke, und daß eine neue Fassung des Gesetzes vorgelegt werde.

Der neue Text in der Fassung vom 22. Oktober 1921 bringt folgende wichtige Abänderungen:

1. Die Dienstzeit wird auf 8 Monate für die Männer und auf 4 Monate für die Frauen herabgesetzt.

Im ersten Gesetz hatte man an den Anfang der Dienstzeit eine mehrmonatige Zusammenfassung in Kasernen vorgesehen, wo eine Vorschulung in Dingen der allgemeinen Bildung und Disziplin erfolgen sollte. Man mußte diesen Gedanken ganz aufgeben und den Aufenthalt in den Kasernen auf die notwendigste Zeit der Einreihung und Einkleidung beschränken. So erklärt sich auch die Herabsetzung der Dienstzeit auf die eigentlichen Arbeitsmonate in der guten Jahreszeit.

2. Der Loskauf ist bis zu einem gewissen Prozentsatz der Eingezogenen gestattet.

3. Die Einberufung soll zeitlich so verteilt werden, daß nicht mehr als 30 v. H. der jungen Leute einer Jahresklasse zugleich in den Kolonnen des Arbeitsdienstes beschäftigt sind.

Die gesetzlichen Grundlagen

Schon die erste gesetzgeberische Fassung des Arbeitsdienstpflichtgedankens vom 5. Juni 1920 enthielt bereits alle rechtlichen ideellen und organisatorischen Grundsätze der neuen Institution. Die allzu kurze Fassung gerade der wichtigsten Bestimmungen schaffte viele Unklarheiten, die auch der Neufassung vom 22. Oktober 1921 anhaften blieben. Es geht vor allem aus dem Grundsatz nicht mit genügender Klarheit hervor, daß in einem Gesetz, ja sogar in einem Artikel desselben, zwei Formen des Arbeitsdienstes geregelt sind, deren organisatorische Grundlagen und Zwecksatzung durchaus verschieden sind: die einmalige ordentliche (redowna) Dienstpflicht der Jungmannschaft und die periodische (wremenna) Dienstleistung, die von allen Arbeitsfähigen bis zu einer gewissen Altersgrenze jährlich abzuleisten ist.

Das Gesetz über die Arbeitsdienstpflicht (sakon sa trudowata powinnost) umfaßt 32 Artikel in drei Kapiteln: 1. Allgemeine Bestimmungen, 2. Organisation und 3. Strafbestimmungen.

Art. 1 setzt in allgemeiner Weise die Arbeitsdienstpflicht für

[1]) Art. 68. — Alle Maßnahmen, die der Mobilmachung dienen oder ähnlich sind, sind verboten.

Die einzelnen Formationen, der Verwaltungsdienst und der Generalstab dürfen keinesteils Ersatzteilungen umfassen. Es ist verboten, vorbereitende Maßnahmen im Hinblick auf eine Requirierung von Tieren oder anderen militärischen Transportmitteln zu treffen.

alle bulgarischen Untertanen fest. Die Männer vom 20.—40. Lebensjahr einschließlich, die Frauen vom 16.—30. Lebensjahre einschließlich, befinden sich in einem Zustand der Arbeitsbereitschaft, aus der heraus sie alljährlich zur Ableistung dieser Arbeitspflicht einberufen werden können.

Die Leistung wird von den Staatsbürgern gefordert, ohne daß ihnen ein Ersatz für diese Hergabe ihrer persönlichen Leistungsfähigkeit in Aussicht gestellt wird. Im Verhältnis zu der bulgarischen Verfassung, die die Gewährleistung der Grundrechte auf die westlich-liberalistische Anschauung von der Freiheit des Individuums und der Unverletzlichkeit des Privatbesitzes aufbaut, bedeutet dieses Gesetz einen Ausnahmezustand. Nikolaieff[1]) versucht einen staatsrechtlichen Vergleich mit den Zwangsarbeitsverfassungen Frankreichs, der bulgarischen Türkenzeit und dem Arbeitspflichtprojekt Trotzkis und kommt zu dem Schluß, man müsse die bulgarische Arbeitsdienstpflicht „sui generis", als eine rechtlich eigenartige Schöpfung ansehen. Wenn man an die Entstehung des Gesetzes und an das vollkommene Fehlen einer rechtlichen Begründung desselben denkt, so wird man Nikolaieffs höchst allgemeiner Fassung, „die Arbeitsdienstpflicht sei eine öffentlich rechtliche, aus einer einzigartigen Lage des Staates heraus geschlossene Einrichtung", zustimmen können, wobei es müßig ist, darüber Betrachtungen anzustellen, ob dieses Gesetz den Grundsätzen der bulgarischen Verfassung entspricht oder nicht. Es ist jedenfalls auf parlamentarischem Wege zustandegekommen und dabei nach seiner rechtlichen Seite hin nicht diskutiert worden. Im Zusammenhang mit den anderen gesetzlichen Erzeugnissen seiner Epoche, vor allem der Agrarreform, hat es zweifellos einen starken Ausnahmecharakter und bedeutet einen Eingriff in die individuelle Freiheitssphäre der Verfassung, soweit man deren Normen als wirklichen Ausdruck staatlicher Lebenswirklichkeit in Bulgarien ansehen will[2]).

Für die Zeit der Arbeitsdienstleistung untersteht der Bürger den Rechtssatzungen der Arbeitsdienstpflicht, er wird von ihr in starkem Maße „mediatisiert", einem eigenen Anstaltsrecht unterworfen. In rechtlicher Beziehung ergibt sich ohne weiteres der Vergleich mit der allgemeinen Militärdienstpflicht.

Aus Art. 4 ergibt sich die Art der Ableistung der Arbeitsdienstpflicht:

---

[1]) N. „Le service obligatoire en B." Diss. Paris 1925.

[2]) Unter Umständen kann sich doch noch die Notwendigkeit einer Klärung der Rechtsnatur der Arbeitsdienstpflicht, vor allem in arbeitsrechtlicher Beziehung ergeben. So z. B. bei den Verhandlungen des Internationalen Arbeitsamtes über den Begriff der „Zwangsarbeit". Die bulgarischen Vertreter haben dort bereits geltend gemacht, es handele sich bei der trud. Pow. um eine „Maßnahme eines demokratischen Staates, die auf gesetzmäßigem Wege zustandegekommen sei und alle Untertanen betreffe."

a) Personen, die noch niemals mehr als 8 Monate ununterbrochen zum Staatsdienst einberufen worden waren, haben höchstens 8 Monate — die Frauen 4 Monate — zu dienen. Diese Zeit kann in zwei oder mehreren Abschnitten abgedient werden. Von jedem Jahrgang dürfen jedoch in einem Jahr nicht mehr als 30% einberufen werden.

b) Personen beiderlei Geschlechts, welche 3 oder mehr Monate ununterbrochener Dienstleistung für den Staat geleistet haben, werden jährlich zu höchstens 21 Tagen Arbeitsdienst herangezogen.

Folgerichtig ergibt sich aus dem Text zu b, daß auch solche Leute unter diese Vorschrift fallen, welche die Dienstpflicht zu a erfüllt haben, ebenfalls dann wenn man den Arbeitsdienst sinngemäß als „ununterbrochenen Staatsdienst" auffaßt. In dieser doppelten Form der Ableistung ist die Arbeitsdienstpflicht dem Heeresdienst mit Dienstjahr und Reserveübung vergleichbar. In der bulgarischen Verwaltungssprache bezeichnet man die Dienstform a als redowna powinost, die zu b als wremena trud. pow., wobei redowna = ordentlich, regelmäßig, wremena = zeitlich, periodisch bedeutet.

In der praktischen Durchführung des Gesetzes ist man in der verschiedenen Behandlung der beiden Formen viel weiter gegangen, als sich aus dem Text des Grundsatzes ergibt. Die Vorschrift, nur 30% jeden Jahrgangs auf einmal einzuberufen, entstammt dem Einspruch der Entente: man witterte in den Jahresklassen Ähnlichkeit mit militärischen Jahrgängen. Die Einschränkung kam der Direktion sehr gelegen[1]). Aus finanziellen Gründen hätte man von den Einberufenen zwanzig, höchstens dreißig Tausend zugleich einberufen können, jedoch diese erste Schätzung erwies sich sogar noch zu hoch. Die Einberufung verschiedener Altersstufen erschien ferner förderlich für die Arbeitsleistung selbst.

Vergleicht man die erste und zweite Fassung des Gesetzes, so ergibt sich in Bezug auf die periodische Dienstpflicht eine Unklarheit. Im Art. 10 der ersten Fassung lautete die betreffende Stelle etwa folgendermaßen: In schweren Unglücksfällen, verursacht durch die Elemente oder ein nationales Unglück, können alle Männer zwischen 20 und 50 Jahren durch Ministerratsbeschluß bis zu höchstens 4 Wochen Arbeitsdienst herangezogen werden. Die Einberufung erfolgt nach den örtlichen Bedürfnissen.

Diese Vorschrift sah allzusehr nach Mobilmachung aus. In der genannten Fassung (Art. 4b) ist die Stelle mit dem „Nationalen Unglück" fortgelassen, die Zeit in der oben genannten Weise beschränkt. In der ersten Form war diese periodische Dienstpflicht auf den Ausnahmefall abgefaßt („können einberufen werden"),

---

[1]) Stojanoff, le travail obligatoire en Bulgarie 1922, S. 12.

in der zweiten Form steht die periodische neben der regulären Dienstpflicht als regelmäßige Erscheinung. Doch zeigt es sich in der Praxis seit Anfang an, daß die wremena t. p. unregelmäßig einberufen wurde im Gegensatz zu dem regelmäßigen Aufgebot der redowna t. p. Als Handhabe für diese beiden Einberufungen dient Art. 25.

Die Iniative zur Einberufung beider Dienstformen liegt beim Ministerrat, ihm steht es frei, von der grundsätzlichen Dienstbereitschaft aller bulgarischen Untertanen in den angegebenen Formen nach Gutdünken Gebrauch zu machen, er kann auch jede von beiden ganz unterdrücken. Noch oben hin ist er zeitlich mit Einsatz der Arbeitskräfte im Rahmen des Art. 4 beschränkt. Vor allem kann er das Aufgebot lokal begrenzen, die Durchführung an die Gemeinden delegieren. So ist Art. 25 ein wichtiger Regulator, der die Einberufungen, den jeweiligen Notwendigkeiten anpassen kann.

Der Hauptunterschied zwischen den beiden Formen des Arbeitsdienstes, der sich im übrigen aus dem Gesetz nicht mit völliger Klarheit ergibt, liegt in der Art der Einberufung. Bei der redowna trud. pow. erfolgt die Einberufung durch den Ministerrat, er wendet sich von oben her an die Gesamtheit der Dienstpflichtigen. Bei der wremena trud. pow. liegt die Initiative bei den Gemeinden, welche auch den Umfang und das Ziel der Arbeit bestimmen. In der Praxis ist es so, daß bei der ersten Art einzelne Jahrgänge aufgerufen werden. Aus der Länge dieser Arbeitszeit folgt schon, daß man vornehmlich die jungen, früher militärpflichtigen Leute aushebt. Bei der zweiten Art erfolgt die Aushebung ohne Berücksichtigung einzelner Altersklassen im Rahmen der vorgeschriebenen Jahresgrenzen.

Ein weiterer Unterschied liegt in der Art der Unterbringung der Dienstpflichtigen. Art. 9 bestimmt:

„Die Arbeitsdienstpflicht wird getrennt abgedient, von den Männern nach Bezirken und von den Frauen nach Heimatgemeinden.

Diese Bestimmung findet keine Anwendung auf solche Frauen, denen die Ausbildung der weiblichen Dienstpflichtigen obliegt."

Im Ausführungsgesetz zur wremena trud. pow. ist die Gestellung der Dienstpflichtigen aber so geregelt, daß diese durchaus im Wohnbereich ihrer Gemeinden bleiben; Verpflegung und Unterbringung ist Sorge der Einzelnen. Es liegt auch schon in der Natur der Sache, daß man zu örtlich beschränkten Arbeiten mit kurzer Arbeitsdauer nicht erst besondere Kasernierungsmaßnahmen treffen und weite Reisen unternehmen kann.

Demgegenüber sind die Trudowaken[1]) der redowa powinnost

[1]) trudowak (bulg.) = Arbeitsdienstpflichtiger.

freizügig; ihr Einsatz erfolgt zwar tunlichst im Heimatbezirk, doch werden sie in einigen Unternehmungen mit viel Arbeitskräften von weither geholt, wie z. B. in der Waldwirtschaft Titscha.

Für die Bauern war die Dienstpflicht innerhalb der Heimatgemeinde besonders vorgesehen; bei den mohammedanischen Mädchen dachte man nur an eine Verwendung in ihrer Heimatstätte selbst. (Anm. zu Art. 1), um die religiösen Gefühle der türkischen Bevölkerung zu schonen.

Art. 2 umschreibt sehr allgemein als Ziel der Arbeitsdienstpflicht:

a) Die Arbeitskräfte im Lande zusammenzufassen und gemeinnützig einzusetzen, um die Produktion und den Wohlstand der Heimat zu heben;

b) bei den Staatsbürgern unabhängig von ihrer sozialen und wirtschaftlichen Stellung, die Liebe zur gemeinsamen Werktat und zur körperlichen Arbeit zu wecken;

c) die sittliche und wirtschaftliche Lage des Volkes zu heben, indem bei dem Staatsbürger das Bewußtsein für seine Verpflichtungen gegen sich und die Gesellschaft gepflegt wird und ihm rationelle Arbeitsmethoden beigebracht werden.

Der einfache Wirtschaftsgedanke des ersten Leitsatzes ist klar erkennbar: Man geht von der Überzeugung aus, daß der Staat das Recht und die Möglichkeit hat, die persönlichen Teilleistungen seiner Bürger in einer durch ihn bestimmten und damit auch gemeinnützigen Richtung einzusetzen. Dieser Glaube an die Macht des kollektiven Kräfteeinsatzes entspricht der diktatorischen Auffassung von der Allmacht des Staates, wie sie bei Stambolijiski und seinen Anhängern lebte. Die Arbeitsdienstpflicht erscheint in diesem Satze nicht als Notstandsmaßnahme provisorischen Charakters, sondern als wesentliche Einrichtung des Landes.

Die beiden folgenden Leitsätze betonen noch den Charakter der trud. Pow. als fortdauernde Institution, die im Erziehungsplan des Volkes einen festen Bestandteil darstellt.

Satz c betrifft die Erziehungsabsicht auch gegenüber dem Einzelnen. Objekt der Erziehung ist der Staatsbürger, ungeachtet seiner gesellschaftlichen und wirtschaftlichen Stellung. Das Erziehungsziel — Liebe zur gemeinsamen Werktat und körperlichen Arbeit — ist in der Ideologie des Bauernbundes verankert. Die körperliche Arbeit ist ihnen in erster Linie oberste Beschäftigung des Bürgers, Aufbauarbeit am Staat. Die Tätigkeit des Städters erschien demgegenüber als Verirrung, von der er wenigstens zeitweise geheilt werden sollte. Die Forderung nach körperlicher Arbeit ist wichtiger Bestandteil eines Erziehungssystems, das auch über die eigentliche Schulzeit mit ihrer starken Betonung der produktiven Handarbeit hinaus, sich durch alle Altersschichten hindurchziehen sollte.

Das Gesetz zeichnet weiter die erwünschte Verflechtung der so erzogenen Individuen in einem wirksamen Staatsganzen: Intensivierung des Gemeinschaftsgefühls und der Arbeitsmethode. „Rationelle Arbeitsmethoden auf allen Gebieten der Volkswirtschaft"; dieser etwas vielversprechende und reichlich optimistische Satz ist der einzige des Programms, der die besonderen wirtschaftlichen Notwendigkeiten des Landes Bulgarien ahnen läßt. Man glaubt, von der rationellen Regelung des einfachen Handgriffs ausgehend, die methodische Rückständigkeit aufheben, das behäbige Tempo des noch vielfach in altväterlicher Langsamkeit wirtschaftenden Bauern steigern zu können. So naiv der Satz mit der Rationalisierung „auf allen Gebieten der Volkswirtschaft" klingen mag, für Bulgarien hat der Gedanke seine Richtigkeit und ist auch in einer nüchternen Epoche der trud. pow. nicht aufgegeben worden.

Diese drei Leitgedanken kehren in den Nebengesetzen und sonstigen Schriften der Arbeitsdienstpflicht stets wieder. Es ist auch der Gedanke dieser Einrichtung kaum einfacher zu fassen als in diesen Formeln: Der einfache Grundgehalt der Sätze erleichtert die Propaganda, die Lehre vom Arbeitsdienst findet in dieser einprägsamen Formulierung und in der immerwährenden Wiederholung leichter Eingang beim Volk. Im übrigen wäre es unangebracht, diese Leitsätze allein zum Ausgangspunkt einer Erforschung des Wesens der bulgarischen Arbeitsdienstpflicht zu machen, denn kaum irgendwo anders ist es weniger wichtig den Wortlaut gesetzlicher Bestimmungen vor ihrer tatsächlichen Anwendung zu studieren, als in den Ländern des Balkan.

Wenn man in Art. 3 die Liste der Werkziele des Arbeitsdienstes sieht, so wird man kaum ein Gebiet volkswirtschaftlicher Tätigkeit finden, das nicht in Angriff genommen werden soll. Die Liste ist auch nicht geschlossen; das Ganze ist wohl mehr als allgemeiner Ausblick gedacht. Immerhin läßt die genauere Betrachtung erkennen, daß die aufgezählten Arbeiten den besonderen bulgarischen Bedürfnissen, wie sie zur Zeit der Arbeitsdienstpflicht bestand, entsprachen. Im Vordergrund steht der Bau von Wegen, Eisenbahnen, Wasserleitungen, Wildbachverbauung, Flußregelung, Entwässerung der Sümpfe. Eine Serie qualifizierterer Tätigkeit umfaßt Aufforstungen, Arbeit in Obst- und Gemüsegärten, Vieh- und Seidenraupenzucht, Fischerei, Vorbereitung von Baumaterial, Konservierung von Lebensmitteln. Einige Arbeitsziele entbehren näherer Kennzeichnung und sind scheinbar nur als Abrundung des Planes gedacht: Arbeit in Bergwerken und Fabriken, Planierung von Städten und Dörfern, Bau von Gebäuden.

Es sei hier vorweg genommen, daß so ziemlich die ganze Liste der genannten Arbeitsziele in Angriff genommen worden ist. Die

Bevorzugung einiger Zweige vor anderen ergab sich später aus den allgemeinen Produktionsbedingungen des Landes.

Im Gesetz sind eine Reihe Ausnahmebestimmungen für die Einziehung vorgesehen. Nach Art. 5 sollen befreit sein vor allem diejenigen, welche sich als untauglich zu körperlicher oder geistiger Arbeit zeigen. Die Liste der Krankheiten ist vom Ministerrat aufgestellt[1]). Ferner verheiratete Frauen und Männer, die beim Heer[2]) oder bei der Gendarmerie dienen.

Nach Art. 5 Anm. genießen teilweise Befreiung Söhne und Töchter, die in ihrer Familie die einzigen Arbeitskräfte darstellen und die einen arbeitsunfähigen Vater, eine verwitwete Mutter oder minderjährige Geschwister zu ernähren haben. Ausdrücklich wird festgestellt, daß für diese die Befreiung des Art. 4a gilt. Die Verpflichtung zur Ableistung der wremena trud. pow. bleibt bestehen.

Nach Art. 5 Anm. 2 sind Beamte und Angestellte soweit es der Ministerrat für erforderlich hält, von der Ableistung der wremena trud. pow. befreit.

Daneben gibt es Gruppen Dienstpflichtiger, bei denen die Dienstleistung zeitweise ausgesetzt ist, nämlich alle, die den Nachweis erbringen, daß sie eine Mittelschule oder Hochschule besuchen. Diese genießen Befreiung vom Arbeitsdienst bis zum 24. Lebensjahr, wenn sie eine Mittelschule, bis zum 28. Lebensjahre, wenn sie eine Hochschule besuchen (Art. 7a).

Abgesehen wird ferner von einer Einberufung bei den Strafgefangenen bis zur Freilassung. Männer, die bei der Freilassung das 40., Frauen die das 30. Lebensjahr erreicht haben, werden endgültig befreit (Art. 7a).

Eine andere Befreiung vom Arbeitsdienst ergibt sich für eine Gruppe aus Art 4:

„Die Dauer der Dienstpflicht beträgt für Männer, die nie während mehr als 3 Monaten ununterbrochen zum Dienste einberufen worden sind, höchstens 8 Monate und für Mädchen, die sich in demselben Falle befinden, höchstens 4 Monate."

Da es vor der Einführung der Arbeitsdienstdflicht nur eine Art Dienstleistung gab zu der man einberufen wurde, nämlich den Militärdienst, so ist diese Vorschrift in erster Linie zugunsten der ehemaligen Soldaten gegeben. Diese Ablösung aus einer Dienstpflicht durch die andere folgt ja auch schon aus der einfachen Überlegung, daß man sonst alle Jahrgänge zwischen 20 und 40 noch einmal zum Dienst hätte heranziehen müssen.

Die Befreiungsgründe für die wremena pow. decken sich in der Hauptsache mit denen der redowna pow.

---

[1]) Abgedruckt im Bulg. Stat. Jahrbuch.

[2]) Der Heeresdienst im Söldnerheer beträgt 12 Jahre. Die Armee darf höchstens 33000 Mann betragen.

Aus der Natur der Sache ergibt es sich, daß die im Ausland lebenden bulgarischen Staatsangehörigen zur Ableistung der wremena trud. pow. nicht herangezogen werden können. Für die redowna trud. pow. ist das Gegenteil in Art. 6 ausgesprochen. Kein bulgarischer Staatsangehöriger darf eine fremde Staatsangehörigkeit erwerben oder ins Ausland übersiedeln, ohne vorher seiner Arbeitsdienstpflicht genügt zu haben.

War der Charakter einer allgemeinen Verpflichtung zur körperlichen Arbeit eine der idealen Grundlagen der Arbeitsdienstpflicht, so wie sie die Bauernregierung sich dachte, so bedeutet der unter dem Zwange der Entente gestattete Loskauf eine weitgehende Schwächung dieses erzieherischen und volksbildnerischen Prinzips. Dieser Eingriff der Entente ist nicht ganz verständlich. Für die Höhe der Abzahlung der Loskaufsumme, die doch praktisch die Zahl der Losgekauften bestimmte, machte sie keine Vorschriften, die Festsetzung eines bestimmten Prozentsatzes, über den der Anteil der Losgekauften an der Gesamtzahl der Einberufenen nicht hinausgehen sollte, wurde gestattet; die Registrierung der Aufgebotenen erfolgte ohnehin, so daß der etwa gefürchtete militärische Wert der Aushebung kaum in Frage gestellt wäre. Die geforderte Einschränkung richtete sich scheinbar nur gegen jenen Geist der Allgemeinverpflichtung, der allzusehr an eine Ablösung der Militärdienstpflicht erinnerte.

Eine andere Frage ist es, ob die Bulgaren zu einer solchen Lockerung von selbst geschritten wären, um die allzugroße Zahl der Eingezogenen auf ein wirtschaftlich nutzbares Maß herabzusetzen. Die Einnahmen, die sich aus der Loskaufmöglichkeit ergeben, mögen weiterhin mitbestimmend gewesen sein. Fest steht, daß auch die Direktion, der die Durchführung und Pflege der Arbeitsdienstpflicht zuächst obliegt, den Loskauf als einen pädagogischen Mangel empfindet.

Die Möglichkeit, daß sich Begüterte vom Dienst loskaufen können, wälzt die Last des Dienstes auf die handarbeitenden Schichten des Volkes, obgleich diese mit dem Einsatz ihrer Arbeitskraft ihr ganzes Vermögen der Gesamtheit für eine erhebliche Zeit zur Verfügung stellen, während sie auf der anderen Seite nicht die Genugtuung haben, daß alle Staatsbürger „ohne Unterschied der wirtschaftlichen und gesellschaftlichen Lage“ denselben Heimatdienst abzuleisten haben.

Vom rein ökonomischen Standpunkt aus wird man vieles für den Loskauf ins Treffen führen können: Ein großer Teil der Intelligenz ist zur körperlichen Arbeit nicht voll zu gebrauchen, würde deshalb im Gesamtbetrieb einen Minusposten darstellen, während die alleinige Einziehung von Handarbeitern einen bestmöglichen Arbeitserfolg gewährleistet. Leute mit qualifiziertem Bildungsgang würden durch den Loskauf davor bewahrt, wertvolle

Arbeitszeit mit im volkswirtschaftlichen Sinne weniger hochwertiger Arbeit nutzlos zu verbringen. Eine Stellungnahme hängt letzten Endes davon ab, ob man den wirtschaftlichen Nutzen in den Vordergrund stellt oder mit der Dienstpflicht ein auf das ganze Volk wirksames Erziehungsprinzip durchsetzen will. In Bulgarien herrscht heute die erste Auffassung durchaus vor.

Die geforderte Einführung des Loskaufs enthält der am 25. November 1921 ergangene „Beschluß des Ministerrats über Abänderung der §§ 3, 4, 5 und 6 des Reglements[1]) betr. der Durchführung des Art. 8 des Gesetzes über die Arbeitsdienstpflicht (Loskauf)"

Wer zur Ableistung der Arbeitsdienstpflicht tauglich befunden ist und sich loszukaufen wünscht, hat bei seinem Kreisarbeitsbüro ein Gesuch einzureichen, worin die Vermögensverhältnisse darzulegen sind. Bis zu 20 v. H. der jährlich zum Arbeitsdienst Bestimmten können sich loskaufen[2]). Die Höhe der Loskaufsumme wird berechnet:

a) auf Grund des von den Handelskammern für die betreffenden Verwaltungskreise festgestellten Durchschnittslohnes für das verflossene Jahr;

b) auf Grund der Vermögensverhältnisse und des durchschnittlichen Jahreseinkommens des Gesuchsstellers und seiner Eltern.

Die Loskaufsumme, die vom Kreisbüro unabänderlich festgesetzt ist, wird auf 240 Tage berechnet und ist in 2 Raten an die bulgarische Nationalbank einzuzahlen. Ihre Höhe liegt nach neueren Bestimmungen zwischen 9000—32000 Lewa (rund 300 bis 1000 RM.). Früher betrug sie 12000—48000 Lewa. Bei nicht rechtzeitiger Zahlung geht der Pflichtige des Loskaufsrechts verlustig.

Besondere Vorschriften gelten für den Loskauf von der periodischen Dienstpflicht. Hier beträgt das Loskaufkontingent 30 v. H. der jährlich Verpflichteten. Die Gemeinderäte bestimmen alljährlich darüber, ob ein Loskauf in ihrer Gemeinde überhaupt zulässig sein soll. Für die Hauptstadt Sofia ist der Loskauf nach § 11 Anmerkung bis zu 40 v. H. der Dienstpflichtigen gestattet.

Die Festsetzung der Höhe der Loskaufsumme liegt ebenfalls bei den Gemeinderäten und darf nicht weniger als 100 Lewa und nicht mehr als 300 Lewa betragen. Die so erzielten Loskaufsummen werden im Voranschlag der betreffenden Gemeinde unter den Einnahmen gebucht und nach Beschluß des Gemeinderates ausschließlich für Wohlfahrtszwecke verwendet. Die Abrechnung über diese Summen unterliegt der Kontrolle der Generaldirektion. Über die Praxis des Loskaufs wird weiter unten zu berichten sein.

---

[1]) Internationales Arbeitsamt, Genf, Gesetzesreihe 1922. — Bulgarien 1, Anhang (E), S. 40.

[2]) Diese Grenze wird praktisch nicht erreicht.

Strafbestimmungen

Die Strafbestimmungen des Gesetzes betreffen nicht Vergehen im Dienst — für diese ist eine besondere Disziplinarordnung vorgesehen — sondern bezwecken den Schutz und die Sicherheit der Institution selbst. In ihrer Ausführlichkeit nehmen sie im Gesetz einen breiten Raum ein (Art. 17—24) und sind sehr streng, besonders Art. 22 (Zuchthausstrafe bis zu 3 Jahren und Geldstrafe bis zu 5000 Lewa für denjenigen, der durch „Druckschriften, öffentliche Reden oder sonstwie vorsätzlich zur Nichtbefolgung dieses Gesetzes auffordert"), Art. 21 enthält Strafdrohungen (1—3 Jahre Gefängnis und Verlust der bürgerlichen Ehrenrechte) für die öffentlichen Funktionäre, die sich bei der Aufstellung der Einberufungslisten und bei den Angaben über die Verhältnisse der Einberufenen vorsätzliche Entstellungen zuschulden kommen lassen.

Ein besonderer Tatbestand ist die vorsätzliche oder fahrlässige „Nichtausnutzung der zur Verfügung stehenden Arbeitskräfte" durch die zuständigen Amtspersonen. Die Strafdrohung ist hierbei Geldstrafe bis zu 5000 Lewa oder Gefängnis bis zu 1 Jahr bei Fahrlässigkeit und das doppelte Strafmaß bei Vorsatz.

Die praktische Durchführung

Allgemeines

Der große Plan einer allgemeinen Arbeitsdienstpflicht des bulgarischen Volkes, die Absicht, die körperliche Arbeit zum Erziehungsmittel und Produktionsfaktor aller Altersschichten und beider Geschlechter zu machen, das Allgemeinverpflichtende an diesem Gedanken der Werkarbeit der ganzen Nation ist nicht in der idealen Reinheit des ursprünglichen Planes in die Wirklichkeit umgesetzt worden. Die Gründe dieser teilweisen Nichtverwirklichung sind verschiedener Art. Einmal wurde die Planung dieser Einrichtung allzusehr von der Vorstellungswelt der handarbeitenden bäuerlichen Schichten des Volkes beherrscht und es sind dabei Widerstände außer Acht gelassen worden, die in dem Aufbau einer Volkswirtschaft überhaupt oder in der besonderen Struktur des bulgarischen Volkes begründet waren. Der handarbeitende Bauer beherrschte das Land, also sollten die anderen auch mit den Händen arbeiten; und doch widersprach diese Vorstellung der wirklichen Arbeitsteilung des Volkes. Nicht alle Einwohner der Viertelmillionenstadt Sofia mit zehntausenden von Intellektuellen konnten jährlich 14 Tage Straßen bauen gehen. So wurde an dieser Stelle, von der mangelnden Durchführbarkeit der temporären Dienstpflicht aller her, die erste Lücke in das Dienstpflichtsystem gerissen.

Bei der Einführung der weiblichen Arbeitsdienstpflicht ließ man die besondere Lage der Frau im bulgarischen Volke außer Acht. Sie lebt noch in weiten Schichten der Bevölkerung in einer patriarchalischen Verbindung zur Familie und war schon deshalb nicht zu mobilisieren. In Sofia ist der einzige Versuch, 400 Frauen in der geplanten Weise kollektiv einzusetzen, bald aufgegeben worden. Dazu kamen Schwierigkeiten wirtschaftlicher und technischer Art. Die restlose Durchführung des Planes hätte große Arbeitermengen aufgestellt für die eine Beschaffung von Werkzeug, Kleidung, Essen, aus den außerordentlich beschränkten Mitteln des Staates unmöglich gewesen wäre.

Schließlich verwandelte die Loskaufsmöglichkeit die Arbeitsverpflichtung eines großen Teils der Einberufenen in eine indirekte Steuer.

Als Kernstück der Praxis der Arbeitsgedanken blieb die Dienstpflicht der jungen Mannschaft. Hier war die Aufgebotsfähigkeit und allgemeine Verwendbarkeit am größten. Und letzten Endes handelte es sich technisch nur darum, den Aushebungen und Ausbildungsapparat des früheren Heeres, der im Bewußtsein des Volkes und in der Handhabung der Behörden fest verwurzelt war, auf den neuen Zweck umzustellen. Diese „ordentliche Arbeitspflicht" soll auch der eigentliche Gegenstand dieser Darstellung sein. Die temporäre Dienstpflicht entzieht sich in ihrer sehr uneinheitlichen, örtlich sehr verschiedenen Verwirklichung — soweit man sich nicht auf das unvollkommene gedruckte Material stützen wollte, jeder umfassenden Betrachtung.

Die Realisierung der Gesetze setzte nur langsam und in folgenden Etappen ein:[1])

1. Winter 1920—1921: Aufruf an alle bulgarischen Untertanen männlichen Geschlechts zwischen dem 20. und 50. Lebensjahre zu einer zeitweiligen Dienstleistung von 10 Tagen (Entsch. d. Ministerrates v. 30. September 1920).

2. Von April bis August 1921: Erster Einberufungsbefehl. Etwa 10000 Mann des ersten Jahrgangs werden einberufen. Hier greift der Einspruch der Entente ein und der größte Teil der Eingezogenen wird zurückgeschickt, bis auf die in den eigentlichen Staatsbetrieben Beschäftigten.

3. September — November 1921. Ein neuer Versuch den ersten männlichen Jahrgang einzuberufen. 13000 Mann werden, da die staatliche Organisation noch nicht im Gange war, den Gemeinden zu dreimonatlicher Dienstzeit überwiesen.

4. Winter 1921—1922: Neuerliches Aufgebot aller 20—50jähriger Männer zur Ableistung eines zehntägigen Arbeitsdienstes.

5. 1. April 1922—15. Juni 1922: Dritte teilweise Einberufung des ersten männlichen Jahrgangs. Von 33000 Einberufenen werden 29000 in Dienst gestellt.

15. Mai—15. Juni 1922: Erster Versuch der weiblichen Arbeitsdienstpflicht. Etwa 400 Mädchen des ersten Jahrgangs werden in Sofia zur Dienstleistung im Interesse der Hauptstadt eingezogen.

Im Jahre 1923 werden Mitte Juni nur aus wirtschaftlichen Gründen von den eingezogenen 28000, 15000 Trudowaken entlassen. So haben um die Jahresmitte nicht mehr als 12 bis 15000 gearbeitet.

Von da ab erst kann man ein regelmäßiges Funktionieren der Einberufenen feststellen, jedenfalls soweit die ordentliche Dienstpflicht in Frage steht.

---

[1]) Nach Lazard S. 41 und Stepanoff: le Travail obl. en Bulgarie 1922 (offizielle Broschüre des damaligen Direktors), S. 13.

Für die ersten Einberufungen trat als erschwerender Umstand die Verpflichtung hinzu, nicht mehr als 30% eines Jahrgangs einzuberufen. — So dauerte es eine geraume Zeit ehe das Gesetz seine volle Auswirkung erlangte. Diesen vielfachen Hemmungen entsprachen die wirtschaftlichen Fehlleistungen der ersten Jahre.

Organisation.

Nach Art. 10 wird die anfangs geplante Dreiteilung in eine technische Verwaltungs- und Wirtschaftsabteilung zugunsten einer straffen Zentralleitung aufgegeben. Die notwendige Stetigkeit der Verwaltung wird dadurch erreicht, daß man drei ständige Mitglieder im Rate hat, die unabhängig vom Wechsel der Ministerien über eine einheitliche Durchführung der Ziele zu wachen haben.

Der Einberufungsdienst, Verteilung und Einsatz der Einberufenen ist Aufgabe der Bezirksbüros. So bleibt der Direktion die zentrale Aufgabe der allgemeinen Leitung der einzelnen Wirtschaftsbetriebe (Ziegelei, Waldwirtschaft Titscha z. B.) sowie die Befugnis nach eigenem Gutdünken besondere Aufgabengebiete an sich zu ziehen.

Die ursprüngliche Bezirkseinteilung sah 6 große „Produktionskreise" vor. Diese Einteilung war der Entente unangenehm, und man verlangte eine Neuordnung entsprechend den 15 Verwaltungsbezirken des Landes. Weniger wichtige Gebiete unterstehen paarweise einem gemeinsamen Büro, so daß es 10 „Kreisarbeitsämter" (Bezirksbüros) gibt: Sofia, Küstendil, Wratza, Plewna, Tirnowo, Schumen, Warna, Sliwen, Stara Sagora und Plowdiff.

Jedes Kreisbüro umfaßt 1—2 Verwaltungsbezirke. Das Büro hat einen Leiter, Verwalter, Arzt, Leiter des technischen Dienstes und das entsprechende Büropersonal. Jedem Büro unterstehen 4—8 „Gruppen". Jede Gruppe umfaßt 200—400 Arbeitsdienstpflichtige mit der entsprechenden Zahl Arbeitsleiter und Sanitätspersonal (Feldschere). Außerdem hat jedes Kreisbüro eine „praktisch-produktive Gruppe" (Intendanz-Gruppe), die für die Ernährung, Lieferung und Verbesserung der Kleider, Schuhe usw. der Arbeitsdienstpflichtigen, wie auch für die Wagen, Zugtiere, Lastkraftwagen usw. der Gruppe Sorge trägt. Während der eigentlichen Arbeitszeit (vom 1. Mai — 1. November sind in den Kreisarbeitsämtern 1000—2000 Dienstpflichtige beschäftigt[1]).

Die Arbeitsdienstpflichtigen und die Beamten des Dienstes tragen einheitliche Berufs- und Arbeitskleidung. Aus diesem Umstand sowie aus den übrigen militärischen Dienstformen der trud. Pow. kann nicht auf eine unmittelbare militärische Absicht der ganzen Organisation geschlossen werden. Diese Einheitskleidung ist

---

[1]) Zur Verwaltungsorganisation der einzelnen Gruppen s. u. S. 40.

für eine leichtere Übersicht der Gruppe sowie für die ordentliche Abwicklung des Arbeitsprozesses selbst erforderlich. Die eingeführte Kleidung entspricht den Arbeitsbedingungen der schweren Erdarbeit und dem Klima in den höheren Berglagen. Die sehr wenig gleichmäßige und oft unzulängliche Kleidung der ärmeren Bevölkerung würde diesen Anforderungen garnicht genügen. Es entspricht auch dem Gebot der Billigkeit, daß der Staat den für ihn Arbeitenden die Kleidung liefert, die im übrigen so beansprucht wird, daß man mit der Abnutzung der eigentlichen Arbeitsgarnitur in einer Arbeitsperiode grundsätzlich rechnet. Die Einheitskleidung erleichtert schließlich die Erziehung großer Gruppen zu jener Ordnung und Sauberkeit im persönlichen Äußern, die eine Grundlage jeder sozialen Hygiene ist.

Die Eingezogenen müssen in der Regel eigene Unterwäsche mitbringen. Geliefert wird: eine eisengraue, wollene Uniform- und Breecheshose und litewkaähnlicher Rock mit kleinen Verschiedenheiten im Taschenbesatz, am Rücken ohne Riegel, ohne Quetschfalte, Mantel, Leibriemen (als Besonderheit wird die Schnalle an der Seite getragen), „Russenmütze" mit gleichfarbenem Schild und einer Blechplakette mit der Aufschrift „sa bolgaria trud" (soviel wie: Alle Arbeit für Bulgarien); weiße Drillichjacke und ebensolcher Stepphut als Arbeitszeug, feste Schuhe und Wickelgamaschen.

Der Dessatar[1]) trägt die gleiche Kleidung, als Rangabzeichen einen Metallknopf am Kragenaufschlag;

der Urednik die gleiche Uniform, aber weiße Militärmütze mit Kokarde in den Landesfarben, als Rangabzeichen zwei Metallknöpfe am Kragenaufschlag;

der Uprawnik die gleiche Uniform, 3 Metallknöpfe.

Die Natschalniks (Leiter) tragen einen dunkelgrauen Sakkoanzug (lange Hose) mit Metallknöpfen, weiße Mütze mit schwarzem Mützenband, goldenes Sturmband. Rangabzeichen sind goldene Litzen am Ärmelaufschlag. Die Sommerjacke ist aus weißem Leinen. Der offizielle Anzug ist ein schwarzer Dienstanzug nach Art der Seeoffiziere.

Kleidung und Schuhe werden in den Fabriken der Direktion hergestellt. Das Zeug ist rauh aber haltbar (Schafwolle). Die Ausführung zeigt keine besonders sorgfältige Arbeit. Der Zustand der Kleidung ist sehr verschieden, da die Stücke bis zur letzten Möglichkeit ausgenutzt werden. Durch regelmäßigen Kleiderappell wird Ordnung und Sauberkeit der Kleidung erhalten.

Die Einberufung der Dienstpflichtigen ist aus Gründen der Dezentralisation Sache der Kreisarbeitsbüros. Jeder junge

---

[1]) Erklärung der Dienstbezeichnungen s. u. S. 45.

Mann, der das 17. Lebensjahr vollendet hat, ist verpflichtet, sich in das Aushebungsbuch seiner Gemeinde einzutragen. Die Gemeinde hängt die Rekrutierungslisten im Frühjahr zur Einsicht und Kontrolle aus. Die in den Musterungslisten Eingeschriebenen stellen sich der Aushebungskommission, deren Aufgabe vor allem in der gründlichen ärztlichen Untersuchung besteht[1]. 2 Monate nach dem Beginn der Sitzungen der Aushebungskommission, tagt die Kontrollkommission, bestehend aus 2 Ärzten, dem Bürovorsteher und einem Verwaltungsbeamten. Sie beschließt endgültig über Befreiung wegen Krankheit, häuslicher Unabkömmlichkeit usw. sowie über alle Beschwerden über die Tätigkeit und Entscheidungen der Aushebungskommission. Ihre Entscheidungen sind unabänderlich. Dieselbe Kommission gewährt ferner Aufschub der Dienstleistung für Kranke, Gefangene und solche, die im Interesse ihrer sonstigen Ausbildung zunächst befreit sind. Wer für tauglich erklärt ist, kann mit dreitägiger Frist jederzeit eingezogen werden. Alle Jugendlichen, die das 17. Lebensjahr vollendet haben und ins Ausland abreisen wollen, müssen von ihrem Kreisbüro eine Aufschubbestätigung einholen, sowie eine Garantiesumme von 12 bis 48 Tausend Lewa bei der Gemeindeverwaltung hinterlegen.

Die Praxis hat neben den gewöhnlichen Befreiungsgründen eine Reihe weiterer eingeführt, so sind befreit:

a) Die Absolventen der Handels- oder Gewerbeschulen, welche sich verpflichten, in einem Privatunternehmen ihren Beruf mindestens fünf Jahre lang auszuüben;

b) die Absolventen der landwirtschaftlichen Schulen, welche sich zu zehnjähriger Ausübung ihres Berufes verpflichten.

c) Die Absolventen der Fischereischule. Die Zahl der so Befreiten schwankt sehr für die verschiedenen Jahre, weil die Gesetze, die diese Schulen betreffen, zu verschiedenen Zeiten in Kraft gesetzt wurden und auch immer neue Schulen mit dem Befreiungsprivileg ausgestattet werden.

Diese Maßnahme ist geeignet, einen Anreiz zum Besuch solcher für die bulgarische Volkswirtschaft lebenswichtiger Schulen zu bilden, doch bedeutet sie zugleich eine weitere Bevorzugung der Intellektuellen und trägt weiter dazu bei die Geschlossenheit der Arbeitsdienstpflicht zu durchlöchern.

Die achtmonatige Dienstzeit kann, abgesehen von der Arbeit in den Werkstätten wegen der Rücksichtnahme auf die Witterung nicht voll ausgenützt werden. Die Hauptarbeitszeit liegt zwischen Mai und Oktober; für die restliche Zeit werden die Leute beur-

---

[1] Die Bedeutung dieser Untersuchungen geht über ihre Wichtigkeit für die Arbeitsdienstpflicht noch hinaus, denn sie ermöglicht ein genaues Gesundheitsbild, sowie überhaupt eine statistische Erfassung dieser Altersschicht. Veröffentlichungen der Ergebnisse im Stat. Jahrbuch für Bulgarien.

laubt[1]) oder gehen zum größten Teil durch Loskauf ab. In der Waldwirtschaft Titscha, wo die Arbeit als besonders schwer angesehen wird, werden 25 gediente Tage für 30 gezählt: dort beträgt die Gesamtdienstzeit also im ganzen 6 Monate und 20 Tage.

Die Lehrer haben, wenn sie sich verpflichten 5 Jahre im Staatsdienst zu bleiben, überhaupt nur 4 Monate zu dienen, die sie in zwei Raten während der Sommerferien zweier Jahre abdienen.

Die Vorschrift des Art. 1, die Beurlaubung und Aufschiebungen bringen es mit sich, daß die Gruppen verschiedene Altersklassen umfassen. Es ist klar, daß bei dem Überangebot an Ausgehobenen zunächst diejenigen genommen werden, die im Alter der größten körperlichen Leistungsfähigkeit stehen. Im allgemeinen sind die Trudowaken nicht jünger als 22 Jahre. In manchen Gruppen war der Altersdurchschnitt 24—26 Jahre. Fast in allen Gruppen war die Mehrzahl der Leute verheiratet.

Bei der Verteilung der Eingezogenen auf die verschiedenen Gruppen sind praktische Gesichtspunkte maßgebend. Die Auswahl erfolgt nach der Tauglichkeit für die zu leistende Arbeit. Die Bauernburschen und sonstige ungelernte Arbeitskräfte, jüdische Kleinkrämer, Zigeuner werden in erster Linie zu der körperlichen Arbeit herangezogen. Unmittelbar verwendbare Handwerker (Schuster) verbleiben im Lager. Die anderen, vor allem die Schneider, Schmiede, Gärtner werden den Werkstätten und anderen Eigenbetrieben des Bezirksortes zugewiesen. Kopfarbeiter, soweit man für sie Arbeit hat, gehen als Schreiber und Sekretäre in die Verwaltungsstellen. Aber nicht jeder, der beruflich keine körperliche Arbeit hat, kann so beschäftigt werden: der Überschuß muß mit den Bauernburschen schippen und hacken gehen.

Mit Ausnahme der Waldwirtschaft Titscha, werden die Pflichtigen in ihren Heimatbezirken belassen. So sah das Verteilungsbild für den Bezirk Widin 1928 wie folgt aus:

I. Gruppe:	200 Mann	beheimatet im Kreis Wratza und auch dortselbst beschäftigt.
II. ,, :	150 ,,	
(VI.) ,, :	150 ,,	
III. ,, :	200 ,,	aus Widin und in diesem Bezirk auch beschäftigt.
IV. ,, :	115 ,,	
V. ,, :	100 ,,	
VI. ,, :	100 ,,	technische Gruppe beim Büro in Widin.

[1]) Beispiel einer Leistung in zwei Raten: Bauernburschen, die Mai 1927 eingezogen wurden, treffen im August 1928 im Lager ein, bleiben bis Winteranfang (2. Nov.) im Lager und dienen jetzt — also nach 10 Monaten — noch die restlichen 2 Monate ab. So erklärt sich auch der dauernde Wechsel der Lagerbelegschaften.

Die Verteilung geschah durch das Hauptbüro Widin für den Bezirk. Irgendwelche politischen Gesichtspunkte bei der Verteilung (z. B. besondere Verteilung politischer und völkischer Minderheiten) ist uns nirgendwo begegnet. Die Auswahl scheint allein nach den laufenden Nummern der Aushebungslisten zu erfolgen. Dabei ist die Berücksichtigung persönlicher Wünsche gang und gäbe. Das Verbleiben in den Heimatbezirken ermöglicht es ferner den Leuten ihren Urlaub zu Hause zu verbringen und erleichtert das Lager um Esser, was sich besonders Sonntags bemerkbar macht.

Während der 8 Monate haben die Pflichtigen Anspruch auf 15 Tage Urlaub, Leute aus der Ebene einen Monat eher als die Bevölkerung aus den Bergen, um dem verschiedenen Erntestand zu entsprechen. Der Urlaub darf nicht am Ende der Dienstzeit liegen. Die Lehrer haben bei ihrer verkürzten Dienstzeit diesen Urlaubsanspruch nicht. Die Sonntagsbeurlaubung steht im freien Ermessen des Gruppenchefs und wird regelmäßig gewährt. Während dieses Sonntagsausgangs muß die Uniform getragen werden.

Taschengeld oder Löhnung gibt es nicht. Eine Unfallversicherung besteht.

Der Loskauf

Über die Ausnutzung der Loskaufmöglichkeit lassen sich keine zuverlässigen Gesamtzahlen gewinnen. Im Etat vom Jahre 1927/1928 wird die durch Loskauf eingegangene Summe mit etwa 45 Millionen Lewa angesetzt.

Nach dem Gesetz ist der Loskauf höchstens bei 20 v. H. der alljährlich der Dienstpflicht unterliegenden zulässig. Nach Angaben der Direktion ist dieser Prozentsatz jedoch nie erreicht worden, ja er soll regelmäßig nicht 5% übersteigen. Diese Zahl steht ungefähr im Einklang mit dem Anteil der Intellektuellen am Gesamtaufbau des Volkes. Die Anzahl der Freigekauften erreichte in manchem Jahr 1000, in anderen bis zu 3000.

Bestimmte Zahlen ließen sich auch nicht aus dem Beobachtungsbereich der Einzelgruppe gewinnen. Doch konnte man leicht feststellen, daß der Loskauf bei den Intellektuellen mit Ausnahme der Volksschullehrer allgemein üblich ist.

Beispiele aus der Praxis: Ein junger Zahnarzt aus R. hatte sich für 9500 Lewa losgekauft. An sich müßte dieser Betrag viel höher sein. Doch wird auf die wirtschaftlichen Umstände der ganzen Familie Rücksicht genommen. In diesem Falle war der Vater tot und der Sohn hatte die Mutter zu ernähren. Hier wie in anderen Fällen, wird der Loskauf rein als Geschäfts- und Rechenexempel betrachtet. Der Loskauf wird auch von denen, die dem Gedanken der Arbeitsdienstpflicht positiv gegenüberstehen, mit seinem wirtschaftlichen Ergebnis gerechtfertigt nach dem Grundgedanken: Wer selbst nicht körperlich arbeiten kann oder will, mag dem Staat soviel zahlen, daß dieser dafür bezahlte Kräfte beschäftigen kann. Die Freikaufsumme für einen einfachen Arbeiter beträgt pro Tag 50—100 Lewa, im ganzen also nicht viel weniger, als er selbst verdient, ein Loskauf kommt für ihn also nicht in Frage. Bei einem Beamten sieht das Rechenexempel etwa so aus: Wenn er ein Monatsgehalt von etwa 3000—4000 Lewa hat, so sind das in 8 Monaten 24000 Lewa. Die Loskaufsumme beträgt vielleicht 15000 Lewa. Wenn auch diese Summe zusammen mit dem ersparten Lebensaufwand während der Dienstzeit nicht geringer als das Einkommen ist, so ist letzten Endes die Möglichkeit im Beruf zu verbleiben und die ungewohnte Handarbeit zu ersparen, ausschlaggebend.

In der praktischen Handhabung der Loskaufbestimmungen hat sich die Möglichkeit herausgebildet, daß sich die Dienstpflichtigen schon nach 6monatlicher Dienstzeit loskaufen können, wobei die Loskaufsumme für die Restzeit von 2 Monaten nur 1000—2000 Lewa beträgt. Von dieser verhältnismäßig billigeren Gelegenheit wird häufig insbesondere von Bauern Gebrauch gemacht (bis zu 80 v. H.), und dies sehr zum Vorteil der Leitung, der es nicht immer möglich ist, in jedem Jahr die 8 Monate wegen der Ungunst der Jahreszeit voll auszunutzen und die so alljährlich immer größere Mannschaftsbestände in das nächste Jahr zu überführen, was sehr schnell eine unhaltbare Überfüllung der Arbeitsgruppen zur Folge hätte. Von dieser Ausnahme abgesehen, ist beliebiger Teilloskauf nicht gestattet.

Es ist von uns trotz besonderer Beachtung gerade dieser Frage nicht festgestellt worden, daß die Beamten der trud. pow. und auch die Mannschaft den Loskauf im allgemeinen als Bevorzugung der vermögenderen Klassen oder als Drückebergerei empfinden. Es wird vielmehr fast immer hervorgehoben, daß die Geldleistung für den Staat ebenso wichtig ist, wie die körperliche Arbeit. Dabei wirkt der Umstand mit, daß der Gegensatz zwischen Besitzenden und Nichtbesitzenden im allgemeinen in Bulgarien nicht mit der Schärfe gesehen wird wie in den bewußteren Arbeitermassen der westlichen Länder. Die Geldzahlung wird von den sehr geschäftlich und rechnerisch denkenden Bulgaren vorherrschend als ein der Arbeit gleichwertiges Opfer angesehen. Auch von einfachen Trudowaken wurde uns sogar wiederholt gesagt, daß die für körperliche Arbeit weniger geeignete Intelligenz durch diese Steuer dem Staat mehr nützt als durch physische Arbeit. Die bürgerlichen Kreise sehen zum großen Teil in durchaus materieller Betrachtungsweise die trud. pow. als eine Naturalsteuer und den Loskauf als eine entsprechende Ablösung derselben an.

Im übrigen ist die Beurteilung des Loskaufs und insbesondere die Widergabe von Gesamturteilen sehr widersprechend.

„So erzählt K., daß ein Mann, der sich losgekauft hat, von alten Bulgaren nicht gegrüßt wird. Eine ähnliche Einstellung berichtet von den Bauern der hiesigen Umgegend. Dort ist die trud. Pow. angeblich der Militärdienstpflicht dem Ansehen nach völlig gleichgestellt und ein junger Mann der nicht in einer dieser beiden Organisationen gedient hat, wird nicht für würdig gehalten, ein Mädchen zu freien. Die Arbeit in der trud. pow. wird als Staatbürgerpflicht betrachtet."

Demgegenüber ist von den Angehörigen der verschiedensten Lebenskreise berichtet worden, daß ein ehrloses Verhalten darin nicht gesehen wird. Oft wurde uns entgegengehalten, daß mancher nicht wisse, wer sich losgekauft habe, auch werde ja auf die Vermögenslage des Einzelnen Rücksicht genommen. Besonders die Intelligenz gibt immer wieder an, daß sie in der gleichen Zeit in ihrem Beruf mehr leisten könne, als die Loskaufsumme beträgt.

Die Arbeitsgruppe.

Unterbringung der Kolonien.

Die Art der Arbeit und die Lage der Arbeitsobjekte bringt es mit sich, daß die Gruppen der trud. pow. nicht an feste Plätze gebunden sein können. In seltenen Fällen stehen Kasernen oder feste Gebäude zur Verfügung. Beim Straßen- und Bahnbau, bei den Wildbachverbau in wenig erschlossenen und besiedelten Gebieten ist die Unterbringung dem fliegenden Standort der Arbeitskolonnen angepaßt; fast überall wohnen sie in selbsterbauten Hütten oder in Zelten. Die Wohnstätten haben wir in folgenden typischen Formen vorgefunden:

„I. Unterbringung in Hütten. Die Wände sind aus Flechtwerk und mit Lehm beworfen, das Dach besteht aus Zeltbahnen. Eine Seite ist ganz offen oder hat einen weiten, nicht verschließbaren Eingang, 10 Hütten für die Mannschaften, in jeder etwa 20—25 Mann. Die Lagerstätten auf Holzgestellen auf beiden Seiten der Hütte (in der Mitte bleibt ein Gang) und auf Strohsäcken. Für Natschalnik, Urednik und Krankenbehandlung besondere kleine Hütten. Das Lager liegt vom nächsten Dorf 8 km, mitten im Wald. In Gorny Tschiflik waren lange kasernenähnliche Steinhäuser. Für die Beamten Häuschen mit Garten. Entfernung vom Arbeitsplatz 20—40 Minuten. Die Quartiere dienen lediglich zum Schlafen, nicht zum Aufenthalt in der Freizeit. Benutzbar nur im Sommer. — Sauber (täglich werden alle Hütten gekehrt) gute Ordnung. Die Wasserverhältnisse sind hier sehr schlecht. Trinkwassergrube in der Nähe des Lagers. Waschgelegenheit etwa 200 m entfernt.

II. Die Mühle, in der die Pflichtigen wohnen, befindet sich außerhalb der Stadt (4 km), 1 km vom nächsten Dorf entfernt und unmittelbar am Arbeitsplatz. Die Mannschaften schlafen in Baracken (in Zehntschaften) zusammen. Eine Ausstattung irgend welcher Art ist nicht vorhanden, da die Wände zum Teil offen und unverkleidetes Fachwerk sind. Quartiere (auch im Schlaflager) sauber gehalten. Die Führer schlafen in einem besonderen Quartier in einem anderen Haus. Auch diese Quartiere sind einfach und ohne Schmuck. Waschgelegenheit im vorbeifließenden Bach, in dem ein selbstgebautes, zementiertes Badebassin (6 mal 6 m) eingerichtet ist. Trinkwasser aus der nahen Bergquelle. Das Wasser selbst ist sehr gut.

III. 18 viereckige Lehmhütten mit Firstdach aus Zeltbahnen. Größe: 3,20 × 2,50 m. Je eine Hütte ist für 5 Mann berechnet. Die Lagerstätte ist ein schlecht gezimmertes Holzgestell, das zunächst eine 10 cm dicke Farnschicht trägt; darauf die Strohsäcke mit einer Decke pro Mann. Das uns eingeräumte Zelt war ungezieferfrei. Die Quartiere sind auch sonst sehr sauber und ordentlich gehalten. Beide Natschalniks haben je eine Offiziershütte aus dem gleichen Baustoff. Die Kanzlei ist eine besondere Hütte. In ihr schläft der Uprawnik. Die Wasserverhältnisse sind äußerst ungünstig. Entnahme aus einer vom Lageplatz etwa 150 m vom Bergabhang gelegenen Quelle, die nur sehr dürftig fließt. Man wäscht sich daher nur am Morgen und nach der Arbeit nur mit dem Wasser, das in einem irdenen Kruge (für 3 Mann) enthalten ist.

IV. Selbstgebaute Hütten. Die gesamte Arbeitsgruppe in einem Haus. Schlafstelle: Holzgestelle, Strohsäcke mit weißem Überzug, Decke, Kopfkissen mit Überzug, Laubdach gegen Regen mit Zeltbahn gesichert, eine Quelle mit Waschanlage. Gutes Trinkwasser. Mannschafts- und Offizierslatrine mit Sitzgelegenheit.

In Anbetracht dessen, daß die Hütten nur eine provisorische Unterkunft darstellen, daß Hitze, Wassermangel und die oft große Entfernung von den Hauptmagazinen eine Lagerhaltung sehr erschweren, kann man zusammenfassend sagen, daß alles getan ist, um die Trudowaken gesund und sauber unterzubringen und Ruhestätten zu schaffen, die der schweren Tagesarbeit entsprechen. Die Einfachheit der Unterbringung entspricht den oft sehr primitiven Wohnverhältnissen des Landes überhaupt. Die Sauberkeit und Ordnung der Wohnstätten steht der sonstigen Lebensweise der Landesbewohner nicht nach.

Die Hilfsbetriebe des Lagers, wie Küche, Feldschmiede, Reparaturwerkstätten und dgl. sind dem provisorischen Lagerbetrieb entsprechend ausgestattet. Die Lagerbewohner ergänzen mit Phantasie die Einrichtung der Schlaf- und Eßplätze durch allerhand kleine Verbesserungen und Verschönerungen wie es lagernde Truppen zu tun pflegen, die für längere Zeit bleiben.

Ein Hauptkapitel aller Erziehungspläne der trud. pow. bildet die Anleitung zur Hygiene des Körpers und der Wohnstätte. Für das Verhalten des Einzelnen sind genaue Vorschriften ausgegeben. Danach sind die Leute gehalten, sich in den Arbeitspausen Hemd oder Jacke auszuziehen. Wassertrinken in erhitztem Zustand ist verboten. Waschen des Gesichts ist einmal, Waschen der Hände dreimal für den Tag vorgeschrieben. Freilich wird Wassermangel in zahlreichen Fällen diese guten Regeln zunichte machen.

„Jeden Sonnabend findet in dem Fluß bei Polatin große Reinigung von Menschen und Kleidungsstücken statt. Der Natschalnik bestimmt nach der Wassertemperatur, wie lange gebadet werden darf, 5—10 Minuten."

Zur Überwachung der hygienischen Vorschriften über Waschen und Sauberkeit findet zwei bis dreimal in der Woche beim Morgenappell eine eingehende und vom Natschalnik teilweise selbst vorgenommene Kontrolle statt. Der Rock muß geöffnet werden, um Sauberkeit von Brust und Hemd zu prüfen. Die Fingernägel werden auch meist nachgesehen. Alle tragen die Haare kurz geschnitten.

Hygienische Vorschriften gibt der Gruppennatschalnik in der Instruktionsstunde. Besondere Belehrung gibt es über die Verhütung von Infektionen, insbesondere Geschlechtskrankheiten; in großen Gemeinschaftsräumen hängen belehrende Tabellen über deren Gefahren aus. Unfallverhütungsvorschriften gibt es nur in den großen Betrieben. Sonst kommen sie bei der Einfachheit der Arbeit nicht in Frage.

Die Organisation des Sanitätsdienstes ist der allgemeinen Verwaltung angepaßt. Es gibt einen Hauptarzt, 13 Büroärzte und bei den einzelnen Gruppen Feldschere. Haupt- und Büroärzte sind hauptamtlich angestellte Staatsbeamte. Die Feldschere sind in besonderen Kursen ausgebildet und sind zur ersten Hilfe bei den Lagern stationiert. Sie sind nicht Trudowaken und gehören zum ständigen Lagerstab.

Kranke kommen mit einem vom Natschalnik ausgestellten Schein ins Bezirkskrankenhaus. Krankheitsdauer bis zu einem Monat wird auf die Arbeitszeit angerechnet, längere Beurlaubung erfordert Nacharbeit. Befreiung wegen völliger Arbeitsunfähigkeit geschieht nach Befund des Büroarztes.

Die Sanitätsliste wird täglich geführt. Alle zwei Monate findet eine Untersuchung der Trudowaken statt. Vorkehrungen gegen Epidemien werden rechtzeitig getroffen. So wurden auf zwei Typhusfälle hin, die Trudowaken in ganz Bulgarien geimpft. Der Auslese der Einzelnen, der Unterbringung und Verpflegung entsprechend, ist der Gesundheitszustand der Gruppen gut. So beobachteten wir in einem Lager:

„Dienstbefreiungen wegen leichterer Erkrankung erhielten:

im Mai	5	Leute	zu insgesamt	19	Ruhetagen	bei	100	Mann
„ Juni	3	„	„ „	7	„	„	100	„
„ Juli	4	„	„ „	14	„	„	100	„

In das Krankenhaus Wratza wurden von der hiesigen Arbeitskolonne ab 1. Mai bis 20. August 3 Leute geschickt: 2 wegen Influenza, der dritte wegen Paratyphus."

An anderer Stelle:

„Von den im Augenblick etwa anwesenden 40 Trudowaken sind 2—3 leicht krank. Da ernstlich Kranke nach Sofia kommen, ist eine genaue Feststellung des Prozentsatzes der Kranken und der vorkommenden Krankheiten nicht möglich. Der allgemeine Zustand scheint gut zu sein."

Am Anfang und Ende der Dienstpflicht werden die Trudowaken gewogen.

Die Arbeitsformation der trud. pow. ist die „Gruppe" (grupa). Sie besteht in der Regel aus 100—150 Mann, die auch auf mehrere Lager verteilt sein können. Die Gruppe zerfällt in zwei und mehrere „Kerngruppen" (jadro) die in der Regel über 60 Mann stark sind, die jadros in „Dessatki" (Zehntschaften) die aber oft stärker

(10—20 Mann) sind. Bei großen Gruppen wie in Titscha, umfassen die Jadros über 100 Mann, dementsprechend sind auch die Zehntschaften größer. Eine genaue zahlenmäßige Abgrenzung der Formation wird nicht eingehalten. Eine solche wäre auch unpraktisch, da die Gruppenstärke dem Ort und der Größe der Arbeitsaufgabe jeweils elastisch angepaßt sein muß.

Ein typisches Bild der inneren Aufgliederung der Gruppen nach Herkunft, Bildung, Nation usw. gibt folgende Tabelle der Gruppe Dimir-Kapu (Rhodopegebirge), die dem durchschnittlichen Aussehen der Arbeitsgliederungen entsprechen dürfte.

Dimir Kapu	Jadro I	Jadro II	Jadro III	Zusam.	%
Zahl der Trudowaken ...	82	80	86	248	100
davon: Stadtbewohner ...	23	27	13	63	25,4
Landbewohner ...	59	53	73	185	74,6
Religion: orthodox	82	77	85	244	98,4
mohammedanisch	—	1	1	2	0,8
Israelitisch	—	2	—	2	0,8
Analphabeten	6	7	12	25	10,08
Berufe: Bauern, Hirten ..	53	48	58	159	64,1
Handwerker	12	18	15	45	18,1
Gewerbetreibende	6	1	4	11	4,4
Lehrer	2	4	2	8	3,2
Studenten	1	—	—	1	0,4
Arbeiter	4	2	1	7	2,8
Unbekannt	4	7	6	17	6,8

Die Altersgliederung war wie folgt:

Geburtsjahr	I	II	III
1899	—	—	1
1900	2	—	—
1901	3	1	—
1902	3	—	2
1903	4	1	3
1904	6	4	4
1905	3	6	4
1906	32	35	37
1907	27	31	32
unbek.	2	—	3
Im ganzen	82	80	86

In einer Gruppe im Bezirk Wratza machten wir die Feststellung, daß von 182 Trudowaken 171 vom Lande stammten, ihrem Berufe nach 58 Lehrer, 15 Handwerker und Kleinangestellte und alle anderen Bauern waren. In einer anderen Gruppe waren 100 v. H. Landbewohner. Eine größere Zahl Türken gab es in Titscha (20—30 auf 180 Mann), da viele Türken in dieser Gegend zahlreich siedeln.

Die stellenweise Zusammenfassung der Volksschullehrer in besonderen Gruppen hat überwiegend organisatorische Gründe.

Sie sollen ihre kürzere Dienstzeit gemeinsam abschließen. Diese Lehrer bilden zweifellos den regsamsten, geistig und politisch beweglichsten Teil der Trudowaken, und es ist nicht ganz verständlich, warum man dieses Element nicht zur Belebung des Ganzen in den übrigen Kolonnen grundsätzlich aufgehen läßt.

Die nationalen Minderheiten werden nicht unterschiedlich behandelt. Eine Differenzierung in Bezug auf Selbstbewußtsein, Arbeitseifer, Eigentümlichkeiten der Lebensführung macht sich bemerkbar. Doch ist kein Versuch einer offenbar nachteiligen Behandlung durch Vorgesetzte oder Arbeitskameraden wahrgenommen worden.

„Die Zigeuner, die hier nur 3 Mann in den anderen bei T. arbeitenden Jadro 20 Mann sind, fühlen sich als Bulgaren und auch die anderen Trudowaken behandeln sie als ihresgleichen. Ein Zigeuner mohammedanischer Religion ißt abseits und ohne Speck. In der Essenzubereitung wird auf ihn Rücksicht genommen.

Beim Bahnbau sind von 200 Mann 100 Türken, die selbst meist nicht bulgarisch sprechen, während die Bulgaren türkisch können[1]). In jeder Dessatka sind 3—4 Türken. Immer je 2 Mann arbeiten zusammen und zwar immer zwei Türken und zwei Bulgaren.“

Die streng autoritäre Form der Führung, die rein äußerliche Zusammenfassung der Gruppen zu technischen Einheiten lassen eine Selbstverwaltung, auch in Fragen der örtlichen Organisation oder auf einzelnen Gebieten nicht aufkommen. Neben dem Fehlen des bildenden Momentes einer Begegnung verschiedener Volksschichten ist dies ein weiterer Umstand, der den bulgarischen Arbeitsdienst zu einer volksbildenden Leistung unfruchtbar macht. Seltener nur fand man produktive Leistungsproben, die allein aus der Aktivität der Gruppe heraus entstanden waren (Anlage eines Schwimmbasins an einer Stelle). Das Eigenschöpferische, wie es in der Dienstleistung solcher Mannschaft wünschenswert wäre, wird nirgend bewußt und systematisch geweckt, das Gefühl des Wettbewerbs kollektiver Arbeitseinheiten nicht gepflegt. Dabei ist die Form des Arbeitsdienstes an gemeinsamer Sache in ganz anderem Maße als etwa der Militärdienst, dazu geeignet, die frei wirkenden Kräfte der jungen Mannschaft wirksam werden zu lassen. In den ersten Begründungen für die Dienstpflicht scheint dieser rein pädagogische Geist noch stärker lebendig.

Man kann nur wünschen, daß es neuen Kräften in Bulgarien einmal gelingt, in dieser eigenartigen Institution Arbeitdienstpflicht durch Autonomie in Dingen der Selbsterziehung und Selbstverwaltung freie Kräfte eines gruppenmäßigen Zusammenlebens zu erwecken.

---

[1]) In jener Gegend (dem östl. Donaubulgarien) ist eine starke türkische Minderheit.

Die Führung

Die Führung der Gruppen besteht aus:

a) 1 Chef
b) 2 Unterchefs
c) 1 Uprawnik (Feldwebel)
d) 2 Uredniks (Unteroffiziere)
e) Dessatniki (Gefreite für etwa je 25 Mann).

Die Beamten von b—d werden durch das Büro eingesetzt, der Chef durch die Direktion, die Dessatniki nach Ablauf von 10 Tagen durch den Chef aus der Reihe der Dienstpflichtigen nach Bildungsgrad und besonderer Eignung.

Die Bezeichnung der Gruppenchefs ist Natschalnik na grupata (Natschalnik bedeutet ganz allgemein Vorsteher, Vorstand, Leiter). Die Unterchefs heißen natschalnik na iadro. Die Verteilung der Funktionen ist grundsätzlich die folgende:

a) Natschalnik: Als Chef bearbeitet er alle geschäftlichen Angelegenheiten der Truppe, unterschreibt selbst die Dokumente. Er kontrolliert jeden Tag einmal die Arbeitsstätte und besucht dabei alle Arbeitsplätze.

b) Natschalnik iadra, urednik, dessatniki: Diese Unterführer sind ständig am Arbeitsplatz, wo sie Verteilung und ständige Überwachung der Arbeit zu besorgen haben.

c) Der Uprawnik ist die „Mutter der Truppe". Er sorgt für Verpflegung, Bekleidung und sonstige Versorgung der Truppe. Die Unterchefs erstatten jeden Abend dem Natschalnik, der ein Tagebuch führt, Bericht über die Arbeitsleistung.

Es gibt bis jetzt noch nicht den Berufsstand des Beamten der trudowa powinnost, es sind vielmehr nahezu alle Beamten dem früheren Heer entnommen. Diese Übernahme ist begreiflich. Einmal wurden durch die Demobilmachung sehr viele Offiziere und Unteroffiziere frei, die anderweitig schwer unterzubringen waren und die Unzufriedenheit in dem durch den Kriegsausgang enttäuschten Volk noch vermehrt hätten, andererseits war es undenkbar, für die neue Einrichtung einen fertigen eigens dafür geschaffenen Beamtenstand zur Verfügung zu haben. Bei den ehemaligen Heeresangehörigen waren die Fähigkeiten der Massenorganisation, Führungstalent und Verständnis für den öffentlichen Charakter der Arbeitsdienstpflicht am ehesten zu erwarten. Es wird ferner nichts unterlassen, diese herüber genommenen Heeresangehörigen auf ihre neue, zivile Arbeit vorzubereiten. Im Winter leisten die Beamten Bürodienste in den Verwaltungsstellen der trud. pow. Gleichzeitig finden Führerkurse statt, in denen in erster Linie die Rationalisierung der Arbeitsverfahren sowie Einzelheiten des Arbeitsprogramms überhaupt gelehrt werden.

Ferner müssen die Führer während des Winters das gesamte Arbeitsgerät und die Ausrüstung kontrollieren. Dazu kommt die organisatorische Hilfe bei der Durchführung der wremena trud. pow. Sämtliche Beamte beziehen Gehalt, der geringer ist als bei den gleichen Rangstufen in der Armee und sind pensionsberechtigt.

Eine Sonderstellung in diesem Beamtensystem nehmen die Dessatniki (Zehnschaftsführer) ein. Sie sind die einzigen „Chargen", die der jeweiligen Belegschaft entnommen werden. Die allgemeinen Voraussetzungen unter denen ein Trudowak zum Dessatnik aufsteigt, sind Intelligenz und gute Arbeit. In einigen Betrieben — so in der Waldwirtschaft Titscha — besteht eine Spezialschulung für die Dessatniki in einem einmonatigen Winterkursus. Im allgemeinen werden sie alsbald nach ihrer Ernennung zu einem Ausbildungskurs von 10 Tagen zusammen gefaßt. Die Beförderung erfolgt im allgemeinen sehr bald nach Dienstantritt. In einer Gruppe wurde festgestellt, daß von den 8 Dessatniki 5 das Gymnasium besucht hatten. Dem Berufe nach waren sie: 2 Bauern, 1 Landarbeiter, 1 Fabrikarbeiter, 3 Handwerker (Tischler, Maurer, Zimmermann) und 1 Kaufmann.

Die „Zehnschaften" sind gewöhnlich bis zu 25 Mann stark. Die Dessatniki arbeiten nicht mit, sondern führen die Vermessung und Beaufsichtigung der Arbeit durch. Sie werden von den übrigen Trudowaken nicht gegrüßt und unterstehen in jeder Beziehung den allgemeinen Vorschriften. Das Verhältnis zwischen ihnen und den Trudowaken ist durchaus kameradschaftlich. Beim Antreten werden die Kommandos oft von den Dessatniki angegeben. Sie müssen auch beim Beten mittags und abends die Gebete vorsprechen. Sie erledigen den laufenden Lagerbetrieb. Die Tatsache, daß trotz ihrer bevorzugten Stellung das Kameradschaftsverhältnis bestehen bleibt, macht diese Dessatniki zu einer zwischen den ständigen Beamten und den Dienstpflichtigen in günstiger Weise vermittelnden Schicht.

Der maßgebende technische Leiter in der Gruppe ist der Ingenieur, der in der Woche einige Male zur Kontrolle der Arbeitsleistung am Arbeitsplatz erscheint und einmal im Monat die Gesamtleistung des Monats durch Messungen an Ort und Stelle überprüft. Dieser technische Leiter ist staatlicher Beamter desjenigen Ministeriums, das die Arbeit jeweils vergibt (z. B. Beamter der Straßenbauverwaltung). Er weist den Gruppen die Arbeitsplätze an, hat aber keine direkte Befehlsgewalt über die Mannschaft. Ein ständiger Vertreter, gewöhnlich ein Mann von praktischer Erfahrung ohne besondere Vorbildung bleibt als ständiger Vertreter des Ingenieurs am Arbeitsplatz zurück.

Der Geist und die Praxis einer Einrichtung wie der Arbeitsdienstpflicht hängt in starkem Maße von der Haltung und der

Auffassung der Führer ab; hier vielleicht in stärkerem Maße, als bei militärischen Verbänden, die in kompakten Massen untergebracht sind, der dauernden Kritik der öffentlichen Meinung unterstehen und deren Offizierskorps in ständigen gesellschaftlichen und dienstlichem Zusammenhang viel eher zu einer einheitlichen Dienstauffassung kommen kann. Die Arbeitskolonne der trud. pow. arbeitet im allgemeinen in weitgehender Isolierung, ist auf sich selbst gestellt und das gesamte Funktionieren der Gruppe wird weitgehend vom Leiter und von dem Verhältnis zwischen ihm und seinen Trudowaken bestimmt sein.

Da eine allgemein gehaltene Charakteristik des Führerstabes leicht zu Gemeinplätzen führen könnte, seien hier die Beobachtungen der Studiengruppen mitgeteilt:

I. Natschalnik: Aktiver Offizier in der früheren Armee. Ruhiger Offizierstyp. Gepflegtes Äußere. Seine Erziehungsmethode ist, die Leute durch Güte und Beispiel zu beeinflussen. Er legt den Hauptwert auf Förderung der Arbeit. Seine Nüchternheit und ein zurückgezogenes Wesen wirken nicht unliebenswürdig. Mit den Mannschaften hat er wenig Verbindung. Nur beim Appell und mitunter beim Abendbrot spricht er mit dem einen oder dem anderen. Im übrigen bleibt seine Tätigkeit offiziell. Jeden Morgen besichtigt er eingehend das Arbeitsgebiet und trifft selbst Anordnungen. Die Leute meinen „er sei teils gut, teils aber auch nicht gut." Ihr Urteil ist wohl darin begründet, daß sie bei Ermahnungsansprachen öfters Unangenehmes erfahren, das durch menschlich persönlichen Kontakt nicht aufgehoben wird. Seine gütige Art der Menschenbehandlung wirkt sich so aus, daß der Verkehr mit den Vorgesetzten nichts militärisch autoritatives an sich hat, ja daß sich die Trudowaken mitunter sogar etwas gehen lassen.

Uprawnik: Gegen 50 Jahre alt. 23 Jahre Feldwebel in der bulgarischen Armee. Er macht einen leutseligen, freundlichen Eindruck. Bei den Leuten ist er teilweise besonders beliebt, da seine Tätigkeit ausschließlich in Büroarbeiten besteht.

Urednik: 55 Jahre, 23 Jahre Unteroffizier in der bulgarischen Armee. Er ist begeisterter alter Soldat, pfiffig und begleitet seine Worte mit fabelhaftem Gebärdenspiel. Von der Arbeit versteht er etwas und gibt den Leuten gute Ratschläge, greift auch mal selbst mit zu. Die Mannschaften haben ihn gern, obwohl er auch zuweilen in den Schnauzton des alten Unteroffiziers verfällt. Bald ist er aber wieder das „Väterchen", das lustig blinzelnd oder singend im Türkensitz die Arbeit beaufsichtigt und den Trudowaken von seinen Abenteuern im Krieg erzählt. Zum Appell früh um 5 Uhr erscheint er ebenso freundlich wie beim Schlußpfiff zum Schlafengehen. Mürrisches Wesen ist bei ihm nie gesehen worden.

II. Der Natschalnik der Gruppe P. fühlt sich als Zivilbeamter, fügte auch hinzu, daß die Uniform erst seit 2 Jahren eingeführt sei. Der Uprawnik erklärt auch nur Zivilbeamter zu sein; die soziale Stellung der Trudowabeamten scheine ihm günstig und zufriedenstellend.

III. Der Natschalnik: Etwa 55—60 Jahre. War früher Unteroffizier, hat es bis zum Kapitän gebracht und ist pensioniert. Im Umgang mit den Trudowaken ist er freundlich. Fleißig scheint er auch zu sein, denn seinen Urlaub verbringt er jetzt halb in Sofia, halb in seinen Lagern K. und R.

Der 2. Natschalnik (Jadro-n.): Ebenfalls alter Offizier. Er ist Leiter der Arbeit, hat mehr militärische Haltung und hält sicher am stärksten einen straffen Betrieb aufrecht.

Der Uprawnik ist ein Unteroffizierstyp. Offenbar glaubt er, eine erzieherische Mission hier zu haben. Gestern und vorgestern stundenlange Reden vor der zum letzten Appell angetretenen Mannschaft, in denen es sich um allgemeine Ermahnungen und Grundsätze handelte.

IV. Der Natschalnik ist in der Unterhaltung mit den Unteroffizieren kameradschaftlich und offen, gegenüber der Mannschaft zwar distanzierter, aber ebenfalls freundlich und schlicht.

Der eine der Unterfüherer war Unteroffizier bei den Pionieren, ist sehr umgänglich und immer heiter. Er scheint mit seinem Beruf zufrieden zu sein. Der Chef ist bei allen gefährlichen Arbeiten, wie Baumfällen und Sprengungen dabei und legt auch selbst Hand an. Die Kolonne macht einen lebendigeren Eindruck als am D. Sie unterhalten sich mit ihrem Chef in kameradschaftlichem Tone. Manchmal gibt es zwischen Natschalnik und Mannschaft lange Dispute über Politik.

Natschalnik in M.: Bei aller Entschiedenheit liebenswürdig; verkehrt kameradschaftlich mit seinen Leuten. Hält auf gute Disziplin und ist selbst rücksichtsvoll und bescheiden. 35 Jahre alt, verheiratet, im Kriege Offizier, bis 1922 aktiv; 9 Semester Chemie in Brünn studiert.

V. Im Vergleich zu bulgarischen aktiven Offizieren gibt sich der Natschalnik eine zivile, ungezwungene Haltung, die offenbar einen militärischen Eindruck vermeiden will.

Die hier wiedergegebenen Urteile entsprechen dem allgemeinen Bilde, wie wir es von 10 Arbeitsstellen gewonnen haben. Es gibt sicherlich auch in der bulgarischen trud. pow. Beamte, die herrschsüchtig, launisch und kleinlich sind und sich darin von ähnlichen Standesgenossen in anderen Ländern nicht unterscheiden. Aber vorherrschend und für die Haltung dieses Beamtenstabes bestimmend ist der Typ des Offiziers, der sich in seine neue zivile Stellung ohne Ressentiment hineingefunden hat und der sich bemüht, zwischen sich und den Trudowaken ein menschlich einwandfreies Verhältnis zu schaffen und die Staatsaufgabe, wie sie in der trud. pow. gesehen wird, redlich zu erfüllen. Man wird diese sympathische Haltung auch daher begreifen können, daß die Vorgesetzten oft aus derselben Volksschicht stammen, wie ihre Trudowaken und daß schon das bulgarische Heer in diesem Sinne ein Volksheer gewesen ist.

Solange der bulgarische Arbeitsdienst seinen Führerbestand aus der aufgelösten Armee ergänzen konnte, ist die Führerfrage leicht zu lösen. Es erhebt sich die Frage, ob beim Aufhören dieser Quelle für genügenden Nachwuchs gesorgt ist.

Von besonderen Vorkehrungen dazu erfährt man nur, daß die Errichtung einer Fähnrichsakademie geplant sei, wo die zukünftigen Beamten neben den Offiziersanwärtern zwei Jahre ausgebildet werden sollen, um dann später noch eine gesonderte Weiterbildung zu erfahren. Es wird auf jeden Fall für den bulgarischen Staat eine schwierige aber auch lohnende Aufgabe sein, den für seinen Arbeitsdienst notwendigen besonderen Beamtentyp in der Zukunft heranzubilden. Er wird sich dabei die Erfahrungen des Volks- und Erwachsenenbildung einiger europäischer Staaten gut zu Nutze machen können.

Tageseinteilung und Disziplin

Die Tageseinteilung der Gruppe verläuft im allgemeinen wie folgt:

5	Uhr:	Aufstehen, Anziehen, Waschen.
6	,,	Antreten zur Gymnastik, Appell.
6½	,,	Frühstück, Abmarsch zur Arbeit.
7—11	,,	Arbeit. Nach je 50 Minuten Arbeit, 10 Minuten Pause.
11—15	,,	Mittagspause.
15—19	,,	Arbeit, danach Gerätereinigen.
19½	,,	Abendbrot.
21	,,	Abendappell.
22	,,	Lagerruhe (Nachtwachen).

Von dieser Einteilung gibt es kleinere Abweichungen. In die achtstündige Arbeitszeit ist der Weg zur Arbeitsstelle nicht mit einbegriffen[1]). Das frühe Aufstehen ist durch die große Mittagshitze der balkanischen Sommermonate begründet. An einer Stelle wird die Arbeitszeit überschritten. Der sehr auf Profit eingestellte Betrieb der Waldwirtschaft Titscha arbeitet 10 Stunden bei einer verkürzten Dienstzeit von 6 Monaten 25 Tagen. Die 10 Minuten Pause nach je 50 Minuten Arbeit („Potschifka") werden streng eingehalten.

Der Kleiderappell findet jeden Morgen durch die Dessatniki, jeden Freitag eingehend durch den Uprawnik oder Urednik statt. Die Unterwäsche muß wöchentlich gewechselt werden.

Die Freizeit wird durch den Morgenappell (Brotausgabe, Kleiderbesichtigung, allgemeine Kritik), Antreten zum Essen und durch die Mahlzeiten selbst erheblich beansprucht. Sonnabend wird nur von 7—11 gearbeitet. Nachmittags sind von 15—16 Uhr Marschübungen und von da ab Freizeit bis Montag früh. Für diese Zeit wird ohne weiteres Urlaub erteilt.

Das Morgen- und Abendgebet wird auf soldatische Art abgehalten. Ein Trudowak spricht, während alle die Kopfbedeckung abgenommen haben das Gebet, dann wird Mütze auf kommandiert. Hierauf folgt gewöhnlich die allgemeine Belehrung, unter Hervorhebung von Einzelfällen. Man hört oft Leute aus der Reihe antworten.

Die Verpflegung wird aus der eigenen Küche der Gruppe geliefert. Das Essen ist einförmig, wurde aber von den Teilnehmern der Studienfahrt an den meisten Arbeitsstellen als schmackhaft und zureichend befunden. Früh gibt es Tee und trockenes Brot mit

[1]) Eine Gruppe stellte fest, daß der Arbeitsausfall eines Feiertags, der in die Woche fiel, durch Mehrarbeit nachgeholt werden mußte.

hartem Weißkäse (Syrene), Mittags stets „Gowetsch", ein bulgarisches Nationalgericht aus Reis, Kartoffeln, Paprika und Tomaten, selten Fleisch, wobei Abwechslung lediglich durch das Überwiegen des einen oder des anderen Bestandteils erzielt wird. Die tägliche Brotration beträgt 1200 gr. Mittwoch und Freitag sind fleischlose Tage. Während der Arbeit wird dauernd Wasser gereicht.

Der Nährwert des Essens wird nach alter Methode nach Kalorien angegeben, wobei 2400 Kalorien pro Tag als Normalmaß gerechnet werden (Angabe der Ärzte in Titscha). Eine Gewichtszunahme ist allgemein[1]) und beträgt nach Angaben des Arztes der Waldwirtschaft Titscha 2—12 Kilo für die Dienstzeit. (Dies also trotz nur 6 Stunden Schlafenszeit und der schweren körperlichen Arbeit in jenem Betriebe).

In der Nähe der Lager befinden sich häufig Kantinen und Marketender, die Obst und Süßigkeiten feilbieten.

Als gesundheitsfördernder Faktor ist die „Gymnastik" im Tageslauf vorgesehen. In den programmatischen Ausführungen der Handbüchlein, wie sie die neu eingezogenen Trudowaken erhalten, wird an antiken und modernen Beispielen der Wert der Gymnastik gezeigt und die jungen Männer zur Nacheiferung ermuntert. Die Praxis liegt in diesem Punkte sehr im argen. Angelegte Sportplätze dürften nur in den großen Städten vorhanden sein, wo sich die Trudowaken auch zu Sport-, besonders Fußballgruppen zusammenschließen. An den einzelnen Stationen wird zwar den Leibesübungen ein Platz im Tagesprogramm angewiesen, doch überwiegt vor kleinen Anfängen einer „Ausgleichsgymnastik" (Kniebeugen, Rumpfdrehen) die Marschübung. Man wird diese nicht als militärische Spielerei betrachten dürfen. Sie werden von den Gruppenführern in der Absicht angesetzt, um den oft sehr schwerfälligen Bauern die Wendigkeit beizubringen, die zur Aufrechterhaltung des reibungslosen Lagerbetriebes so vieler Menschen notwendig ist.

Die Arbeit

Die Arbeit ist grundsätzlich mit 8 Stunden angesetzt. Nach je 60 Minuten gibt es 10 Minuten Pause. Für den neu Eingetretenen wird die Arbeitszeit in der Regel gestaffelt; er fängt mit 2 Stunden an und arbeitet täglich 2 Stunden mehr, um sich an die Anstrengung allmählich zu gewöhnen. Schwachen Naturen weist man den leichtesten Lagerdienst an, wie Küche, Schreibarbeit, Post-, Boten- und Fuhrdienst. Natürlich werden die vorhandenen Facharbeiter entsprechend beschäftigt (Schmiede zum Bolzenspitzen

[1]) Auch bei den Teilnehmern unserer Studienreise festgestellt.

für die Steinarbeit und Ausbesserung des Werkzeugs, Gärtner, Schreiber, Schneider).

Zur täglichen Arbeitsmenge sagt das Handbuch für Trudowaken: „Die Direktion setzt die Mindestmengen der täglichen Arbeitsleistung fest. Zum Beispiel muß ausgehoben werden:

gewöhnliche Erde 3 cbm
harte Erde und steiniger Boden 2 cbm
Feldboden 1 cbm
Steinklopfen 1 cbm
Schotteraufschüttung 20 cbm.

Diese Menge ist sehr niedrig bemessen. Viel weniger als eine gezahlte Kraft leisten muß."

Diese Bestimmung wurde bei den Erkundigungen, die wir darüber anstellten, verschieden ausgelegt. Die eine Auffassung war die, daß Akkord streng verboten sei und die für die Leistung aufgestellten Zahlen nicht als Mindestmaß, sondern als Norm gelten sollen. Andererseits wurde die Vorschrift strikt ausgelegt und wirkte sich dann eben als Akkordbestimmung aus. Bei Erdarbeiten werden im allgemeinen Gruppen zusammengestellt, wobei jeder Mann seinen täglichen Teil (z. B. 3 cbm Erdbewegung) zu leisten hat; nach Erledigung dieses Pensums ist die Gruppe frei. Im allgemeinen werden diese Maßbestimmungen streng eingehalten und die Gruppe darf den Arbeitsplatz vor Ableistung der Arbeit nicht verlassen.

Doch haben wir auch Stellen gefunden, wo die Norm nicht verlangt wurde und eine Gruppe (3—4 Mann) zusammen nur 3 cbm zu leisten hatten. An einem Arbeitsplatz, dessen Verprovantierung wegen der Gebirgslage schlecht war, setzte der Natschalnik die Arbeitsmenge ebenfalls herab mit der Begründung, daß er bei der unzureichenden Ernährung seiner Leute die vorgeschriebene Arbeitsmenge nicht verlangen könne.

Sehr scharf durchgeführt ist das Leistungssystem in der als reiner Profitbetrieb schon mehrfach erwähnten Waldwirtschaft Titscha. Hier haben je 2 Mann 5 cbm Holz vom Stamme her zu zerkleinern (von der besonders harten Weißbuche 4 cbm). Auch hier kann jeder, der seine 5 cbm fertig hat, schon eher nach Hause gehen. Es gibt auch Leute, die in den ersten 5 Tagen der Woche 6 cbm schlagen und dafür am Sonnabend frei sind. Andererseits muß länger gearbeitet werden, wenn die 5 cbm in 10 Stunden nicht geschafft werden und so wird die Mittagspause von sehr vielen tatsächlich nicht innegehalten. Wer absolut nicht fertig wird, bei dem bleibt es bei der geringeren Leistung. Soweit wir sahen, werden die 5 cbm allgemein erreicht, jedoch bedeuten sie wirklich schon eine erhebliche Leistung.

„Die Bulgaren sind im allgemeinen sehr geschickte Erdarbeiter. Durch Unterhöhlen und Hebelwirkung der Geräte lösen sie schnell große Mengen los und finden beim Felszerschlagen den richtigen Angriffspunkt. Je zwei Mann arbeiten zusammen; der eine hackt den Boden und den Felsen ab, der andere schaufelt oder karrt ihn weg. Besonders große Felsen werden gesprengt, wobei die Sprenglöcher von den Trudowaken gemeißelt werden, während die Sprengladung vom Chef gelegt wird.

Bei schlechtem Wetter, was in Bulgarien in der Hauptarbeitszeit nicht gerade häufig ist, wird nicht gearbeitet. Allzugroße Leistungsversäumnis muß dann nachgeholt werden. Die Hauptarbeitsgebiete sind bereits angeführt worden. Ein Wechsel in der Beschäftigungsart findet nicht statt.

Bei der geforderten Leistungsmenge ist zu berücksichtigen, daß die große Sonnenhitze der Sommermonate das Arbeiten sehr erschwert, doch muß man auch bedenken, daß die Trudowaken zum großen Teil an dergleichen Arbeiten gewöhnt sind und ihren Arbeitsanteil ohne allzugroße Beschwerde ableisten. Bei dem Fehlen der „Intelligenz" läßt es sich garnicht absehen, wie sich die Beteiligung handarbeitsungewohnter Leute auf die Arbeitsleistung auswirken würde.

Die Erziehung

Bei diesem Abschnitt sei noch einmal der Grundsatz unserer Betrachtung vorangestellt: Es wird hier die bulgarische Arbeitsdienstpflicht geschildert wie sie ist, nicht wie sie sein sollte. Und wenn gerade bei der Frage der Erziehung und dem Erziehungsplan in dieser Institution eine reiche Fragestellung, neue Formen der Bildung und viel Auseinandersetzung darüber erwartet werden könnte, so wird diese Erwartung insofern enttäuscht, als es in Bulgarien ein pädagogisches Problem der Arbeitsdienstpflicht nicht gibt[1]).

In Bulgarien war das Erziehungsprogramm der trud. Pow. erst einmal in den grundsätzlichen Ausführungen der Stambolyski Anhänger enthalten. Eine Fortbildung dieser ersten einfachen Grundgedanken ist zunächst nicht erfolgt, doch kann man bei der gedachten Einheitlichkeit der Arbeitserziehung, die das Leben der bulgarischen Menschen von der Schule auf begleiten sollte, wohl sagen, daß eine folgerichtige Entwicklung dieser Arbeitsgedanken vielleicht zu einem neuartigen Erziehungssystem geführt hätte. Die in schnellem Tempo und mit großer Einheitlichkeit vorgetragenen Schulerlasse der Bauernregierung sprachen jedenfalls für diese Möglichkeit. Vom Nährboden dieses revolutionären

[1]) In der bisherigen Diskussion einer deutschen Arbeitsdienstpflicht ist gerade zum pädagogischen Programm nur selten neuartiges beigetragen worden. Vgl. Eugen Rosenstocks Aufsatz: Dienstpflicht? in der Deutschen Rundschau; 1929, Aprilheft.

Freizeit ● Die Männer tanzen Choró, den Reihentanz der Balkanvölker. Kein stehendes Bild kann den rhythmischen Reichtum dieses Tanzes wiedergeben. Die Musik dazu ist weit entfernt von abendländischer Tonalität. Es sind die Melodien der Steppenvölker des südlichen Ural mit slavischer Volksmusik vermengt. Der bulgarische Bauer hat diese mehr als 1000 Jahre alte echte Volkskultur bewahrt.

Dudelsackpfeifer ●

Schlesische Studenten ● Sie tragen die Dienstkleidung der trudowa powinnost. Dazu gehört hier, am Dimir-Kapu in den hohen Rhodopen, auch der Mantel, der gegen Nachtfrost schützt. Die Gürtelschnallen werden nach Vorschrift an der Seite getragen.

Zigeuner ● Akaziengebüsch und Sonnenglut. Die Männer im weißen Arbeitszeug, wie es von den Trudowaken an den heißen Arbeitsstellen getragen wird. Aber es ist nicht die Sonnenhitze, die die Gesichter so mißmutig macht. Eher schon der Zwang zur Arbeit und Disziplin; den wird ein freier Zigeuner nie ganz verstehen können.

Schulprogramms hat sich die Dienstpflicht nach dem Umsturz entfernt. Ihre Rationalisierung, der Kampf um den Wirtschaftlichkeitsnachweis hat den Bildungsgedanken weiter zurücktreten lassen. Doch war schon zu Stambolijskis Zeiten die volksbildnerische Lage der Arbeitsdienstpflicht durch die Loskaufmöglichkeit und das Verschwinden der „Intelligenz" aus ihren Reihen sehr vereinfacht aber zugleich auch wesentlich unfruchtbarer geworden. Hätte man nach dem ursprünglichen Plan die Spannungen, die in der verschiedenen Bildungshöhe der Einberufenen begründet waren, für die Erzeugung eines neuen Bildungsbegriffs des ganzen Volkes fruchtbar verwerten können, so verringerte sich diese Möglichkeit auf ein geringes Maß, als die Arbeitsgruppen aus Kleinbauern und Stadt-Proletariern von ziemlich gleicher Erfahrungs- und Schulbildung zusammengesetzt wurden, so daß die Gesamtheit der Dienstpflichtigen geistig nicht genügend anspruchsvoll und differenziert ist, um schon durch ihre Existenz eine stärkere Betonung des bildnerischen Anteils am Gesamtplan zu verlangen. Mit der Undifferenziertheit der einzelnen Gruppe ist auch die Aussicht eines gegenwärtigen Erfahrungsaustausches innerhalb der Gruppen erheblich gesunken und an dessen Stelle trat in weitem Maße die „Instruktion".

Die Leitung des Arbeitsdienstes selbst bedauert diese Entwicklung und versucht in den gegebenen Grenzen ein Erziehungsprogramm durchzusetzen. Erzieherische Zielsetzung und Wirksamkeit der trud. pow. aus ihren Programmschriften zu studieren, ist nicht gut möglich. Brauchbare Angaben finden sich darüber nur in der geringen offiziellen Literatur, vor allem in den Schriften, die selbst der Unterweisung der Dienstpflichtigen dienen sollen, im „Lehrbuch des Trudowaken" (trudowaschki drugar) und einer Zeitschrift „Werktat" (Trudowo delo).

Das Buch enthält im wesentlichen eine Einführung in das Wesen der Dienstpflicht und den Pflichtenkreis des Trudowaken, Staatsbürgerkunde in sehr schulmäßiger Darstellung und verhältnismäßig wenig Belehrung von praktischer Bedeutung für das Berufsleben des Einzelnen. Und doch wäre gerade an dieser Stelle ein wichtiges Feld für eine mit dem Berufsleben in engem Zusammenhange stehende Nachschulung zu gewinnen. Die Belehrung des Bauern, die Propaganda für bessere Wirtschafts- und Organisationsformen und technischen Fortschritt in der Agrarproduktion, könnte vielleicht an die versammelten jungen Kräfte mit größerem Nachdruck herangebracht werden, als es im Dorf durch die landwirtschaftliche Beratung möglich ist. Es fehlt offenbar an dieser Stelle an einer Zusammenarbeit der an einer Wirtschaftserziehung interessierten Stellen, vor allem des Landwirtschaftsministeriums mit der Leitung der trud. pow.

Auf etwa 15 Seiten enthält das Lehrbuch ferner das, was man

als einen Versuch einer ideenmäßigen Begründung der ganzen Arbeit, als eigentliches „Lehrgut" der trud. pow. ansehen könnte. Das Grundthema — die Arbeit und ihre große Bedeutung von den Uranfängen der Menschheit an — wird an einfachen Beispielen durch alle Etappen der Menschheitsentwicklung abgewandelt. Die Vögel, Ameisen und Bienen sind musterhafte Beispiele selbstlosen Fleißes. „Gott, wir danken Dir, daß Du den Menschen mit Verstand begabt hast, und daß Du ihm geholfen hast zu solch großen Taten und Erfolgen zu gelangen." Die Arbeit erscheint als Zentrum aller Ethik, Grundlage des äußeren Fortschrittes, des körperlichen Wohlbefindens, als Schulung der seelischen Stärke und Hilfe gegen alle Unbill des Lebens. Plato wird als Kronzeuge zitiert: „Für die Seele und den Körper ist die Untätigkeit ein Übel". Nichtstun ist Ausgangspunkt allen Übels, von Trunksucht, Kartenspiel bis zur Ausschweifung und schlechten Gesellschaft.

Auf Bulgarien angewandt: Trud. pow. ist eine vaterländische Pflicht. Vom Bilde der Familie her, wo jeder seine besondere wichtige Funktion hat, wird das Bild des Vaterlandes als Großfamilie gezeichnet. Für die Bulgaren, bei denen die Familienverfassung auf dem Dorfe noch recht lebendig ist, bedeutet dies einen anschaulichen Vergleich. „Es wird dem einzelnen Bulgaren nur gut gehen, wenn es dem ganzen Vaterland gut geht. Mit jedem Spatenstich der Trudowaken wird das Vaterland bereichert." Zur Veranschaulichung der geordneten Volkswirtschaft bringt man folgenden Disput:

Die Trudowaken sagen: Warum läßt man mich an einem fremden Wege arbeiten, wo ich über diesen Weg nie gegangen bin, und nie gehen werde? Warum verwendet man mich nicht zum Wegebau in der eigenen Gemeinde? Antwort: Dieser Weg führt über Dörfer, die viel Früchte ernten, viel Getreide, welches man in die Fremde ausführt und dort für gutes Geld verkauft. Der Weg führt zu einer Stadt, wo keine Felder besät sind und die darauf wartet, daß man ihr sehr schnell Nahrung hinführt, da sie sonst im Winter verhungern müßte."

Die Folgerung aus diesen allgemeinen Lehren lautet dann: die trud. pow. ist eine vaterländische Pflicht eines j e d e n Untertanen.

Aus dem Vergleich mit der Familienorganisation werden die anderen notwendigen Eigenschaften des Trudowaken abgeleitet: Gehorsam gegen die Vorgesetzten. Die Befehle sollen sofort und ohne Kritik ausgeführt werden. Gehorcht wird aber aus Liebe zum Lande. Befehle können dem Trudowaken nur von seinem eigentlichen Vorgesetzten erteilt werden. Unter den Trudowaken soll Kameradschaft herrschen. „Wenn sie wie Glieder der Familie zusammenhalten, wird der Dienst viel leichter sein." Der Trudowak soll Ehrfurcht vor den Natschalniks und alten erfahrenen Leuten haben. „Wie eine Familie, in der die Kinder nicht gehorchen, nicht gedeihen kann, so ist auch in der trud. pow. der Respekt vor dem Führer die Voraussetzung für eine erfolgreiche Arbeit."

Zweieinhalb Seiten sind der Religion gewidmet, davon sind zwei Seiten Gebettexte. Ein paar undogmatische Sätze über die Religion überhaupt und ihre Rolle im menschlichen Leben sind so abgefaßt, daß sie alle in Bulgarien bestehenden Konfessionen ohne Gewissenszwang annehmen könnten. Eine Menge Vorschriften regeln die Ordnung der Kleidung, die Führung in der Öffentlichkeit, auf der Straße und in Gaststätten. Die Wirkungen von Kartenspiel, Alkohol und schlechten Frauen werden wiederholt eindringlich ausgemalt. Das Endergebnis aller Lehren und Mahnungen lautet: „Bulgarien ist die Mutter und wir sind ihre Söhne. Man darf sie nicht im Elend lassen. Ihr seid zur Hilfe gerufen um ein neues Bulgarien zu begründen." Dieses Gefühl soll ganz ins Bewußtsein der Trudowaken dringen.

„In Dolen Tschiflik hängen in allen Büros und Schlafräumen Schilder, auf denen zu lesen steht: „Wir alle arbeiten für Bulgarien" oder „Sei stolz", oder „stiehl nicht". An der Fabrik ist ein buntes Schild mit der Aufschrift „Wir alle arbeiten für Bulgarien" und darunter ein Bild, Berge mit einer aufgehenden Sonne darstellend. Natschalnik D. erklärte uns, daß der Trudowak, wenn er von seinem Gruppenführer wegen seiner Arbeit gelobt oder wegen einer persönlichen Dienstleistung bedankt wird, zu antworten hat: „Sa Bolgaria, gospodin natschalnik". (Für Bulgarien, Herr Natschalnik). Nach der Arbeit sagt der Natschalnik: „Gute Arbeit." — Darauf die Mannschaft: „Wir wollen es morgen noch besser tun." —

Bei der Unergiebigkeit des Schrifttums wird man also den pädagogischen Gehalt der trud. pow. nur aus der Anschauung dieses Gruppenlebens selbst gewinnen können. Wir haben dieser Frage unsere besondere Aufmerksamkeit zugewandt.

Der Aufbau des Erziehungsplanes wird zumindest in seinen äußeren Umrissen festgelegt. So gibt eine Dienstanweisung des Generaldirektors folgenden Stundenplan eines Erziehungsprogramms für 1928: In der ersten Woche der Trudowakenzeit finden allein Instruktions- und Erziehungsstunden statt. Erst in der zweiten Woche erfolgt der Eintritt in den ordentlichen Arbeitsdienst. Weiterhin sollen stattfinden:

2.—9. Mai.

1.	4	Stunden	Gymnastik
2.	8	„	Marschübungen
3.	2	„	Grußübungen für alle Lebenslagen
4.	7	„	Marschübungen in der Kolonne
5.	2	„	Erklärung des Arbeitsdienstgesetzes
6.	10	„	Instruktionsstunden über Rechte und Pflichten des Trudowaken
7.	6	„	über Lebenshaltung des Trudowaken und den Sinn seiner Arbeit für das Vaterland
8.	5	„	über die Hausordnung.

11. Mai bis 30. Oktober (227 Stunden insgesamt):

1.	35	Stunden	Gymnastikübungen
2.	18	„	Marschübungen

3. 24 Stunden Dienstordnung
4. 24 „ Hausordnung
5. 18 „ Gesetzeslektüre
6. 20 „ Instruktion
7. 10 „ Technische Anleitung (Beispiele) wie ein großer Stein befördert wird, ein Baum zu tragen ist, Führung von Wagen bei starkem Gefälle, Verkehrsvorschriften, Handgriffe bei Erdarbeiten).
8. 14 „ Heimatkunde nach dem Handbüchlein
9. 14 „ Naturwissenschaften (mit besonderer Berücksichtigung der landwirtschaftlichen Themen, wie Seidenraupenzucht, Bienenzucht, Pflege der Weinberge)
10. 10 „ Staatsbürgerkunde (Regierung und ihre Mitglieder, Landesorganisation, Justiz, Polizei, Schule).

Rein äußerlich stehen den etwa 1700 Arbeitsstunden etwa 230 Unterrichtsstunden insgesamt gegenüber, von denen wiederum ein beträchtlicher Teil von etwa 80 Stunden der körperlichen Ausbildung gehören.

Die geistige Arbeit besteht wie aus dem Plan ersichtlich in der Vermittelung positiven Wissenstoffes und ethischer Belehrung in der Form der Instruktion und nach dem Inhalt des oben beschriebenen Handbüchleins. Diese Lehrstunden sollen durch eigene Lektüre des Handbuchs und der Zeitschrift ergänzt werden. Diese wird von der Direktion monatlich herausgebracht, erscheint in einer guten Aufmachung mit Bildern und Berichten und Abhandlungen. Man wird ihr trotz der sorgfältigen Redaktion nicht viel unmittelbaren Erziehungswert zusprechen können, da die Mitarbeit der Trudowaken gering ist, und ihrer Absicht nach mehr der Schulung der Beamten und einer zu interessierenden Öffentlichkeit zu dienen scheint. Im übrigen haben wir die Zeitschrift selten in den Händen der Mannschaft gesehen. Ernsthaft bemüht sich die Zeitung um die Beseitigung des Analphabetentums. „Im Lager R. gab es 8 Analphabeten. Der Natschalnik gab ihnen öfters Unterricht im Lesen und Schreiben. Er ist auch berechtigt, ein Zeugnis darüber auszustellen."

Eine Einschränkung muß die Kritik an dieser Seite des Erziehungsplanes der trud. pow. erfahren: die bulgarische Arbeitsdienstpflicht war von Anfang an als praktische Lebensschule gedacht. Die Bildung im Sinne von Wissensvermittlung soll in Volksschulen und höheren Schulen vorgetan sein. Die trud. pow. ergänzte dann durch Handarbeit und das gruppenmäßige Zusammenleben den praktischen Sinn und vermittelt ein neues, bewußteres Erleben der Volkszusammenhänge auf der Altersstufe der Jungmannschaft.

Voraussetzung und Maß dieser Erziehungsarbeit sind zunächst die Menschen selbst. Mit was für Menschen hat es die bulgarische Dienstpflicht zu tun? Die soziale Zusammensetzung ist im einzelnen bereits oben geschildert worden und soll zum Verständnis folgender Charakteristiken beitragen:

I. „Gesundheitszustand gut. Nur vereinzelt sieht man Leute, die wirklich kränklich zu sein scheinen. Sauberkeit: Die Bauern scheinen im allgemeinen am vielen Waschen kein Vergnügen zu haben, doch sollte man daraus hier, ebensowenig wie bei den Bauern anderer europäischer Länder, keine besonderen Schlüsse auf Sauberkeit ziehen. Die Leute, die wir in ihren eigenen Kleidern gesehen haben, sahen sauber aus. Psychische Charakteristik: Aufgeschlossenheit und ein schnelles Auffassungsvermögen können wir aus vielen Gesprächsversuchen unbedingt bejahen. Über besondere Handfertigkeit haben wir bei der hier vorkommenden primitiven Arbeit keine Beobachtungen machen können. Über den Fleiß bei der Arbeit läßt sich kein zusammenfassendes Urteil abgeben. Die Arbeit wird eben gemacht. Einzelne Drückeberger gibt es ebenso wie Arbeitswütige. Wichtig aber: die ausgesprochenen Drückeberger sind gewöhnlich auch in anderer Beziehung „schlechte Kerls".

II. Lehrer: Bei einem Alter von 24—26 Jahren ist der Gesundheitszustand durchgehend gut. Die Figuren sind kräftig. Die Körperpflege bei den Lehrern ist besser als bei den anderen Trudowaken. Sportliches Training oder organisierten Sport kennen sie nicht, doch treiben sie am Abend „Natursport" aller Art: Ringen, Turnen am Weidenast, Schwimmen, Spiel. Die Intelligenz der Lehrer ist gegenüber der geistigen Regsamkeit der übrigen auffallend größer. Die sprachliche Verständigung mit ihnen ist leichter. Die Marschübungen erlernen sie innerhalb eines Tages. Den Anordnungen der Führer stehen sie zuweilen kritisch gegenüber und es wird ihnen deshalb Disziplinlosigkeit von manchen vorgeworfen. Sie nehmen auch das Strammstehen und Schweigen im Dienst nicht ganz ernst. Das Arbeitsergebnis ist bei ihnen oft günstiger als bei den anderen Gruppen. Auch werden sie bei der Arbeitsverteilung zuweilen mit besonderen Aufgaben wie Kalkzubereitung, Herbeischaffen von Steinen und anderen Arbeiten betraut, die sich der Meßarbeit mehr entziehen und daher in ihrer Erledigung stärker vom Verpflichtungsgefühl des einzelnen abhängen. Ihre Arbeit wird außer durch Dessatniks aus der eigenen Reihe nicht besonders beaufsichtigt. Sie wünschten viel über Deutschland zu hören, besonders über die Schulen und hörten dabei nicht nur zu, sondern stellten Fragen und folgten angespannt der Debatte.

III. Bauern: Ihre Anteilnahme an Sport und Körperpflege ist weit geringer. Die einfachsten Marschübungen machen ihnen oft Schwierigkeiten; am beweglichsten sind sie bei ihren vollendeten Rundtänzen.

Was zunächst die Erziehung dieser Menschengruppen zur Arbeit und durch die Arbeit anbetrifft, so wird man einwenden können, daß dies die Bauernsöhne und die dem Bauernstand entwachsenen Lehrer am allerwenigsten nötig haben. Zugegeben ist, daß die von Stambolijski den Städtern zugedachte „Arbeitslehre" durch den Loskauf an diesen vollkommen vorbeigeht. Doch bleibt für die Bauern hier noch wesentlich Neues zu lernen. „Rationalisierung der Arbeit" ist ein Hauptziel der Leitung, und dieses Programm wird, soweit es die geringe Kapitalinvestierung zuläßt, durchgeführt. Diese Rationalisierung der Arbeit, vor allem im Sinne einer richtigen Einteilung von Zeit und Leistung ist den Bauern fremd. Er soll in der trud. pow. das Wesen der organisierten Arbeit von Gruppen kennen lernen um es in seinem Dorf anzuwenden. Der Einzelne soll in der Akkordarbeit lernen, seiner Tagesarbeit ein Ziel zu setzen und seine Zeit und Arbeitsleistung richtig zu verteilen. Ob und wie sich diese allgemeine Erziehungsabsicht im

Tageswerk des ehemaligen Trudowaken auswirkt, haben wir nicht beobachten können. Solche Erfolge sind ja kaum unmittelbar nach zu prüfen.

Zur Frage des Erfolges der Erziehung noch einige Beobachtungen:

A) Allgemeine Lage der wissensmäßigen Schulung

1. „Der Natschalnik betonte auch immer, daß von Seiten des Büros auf Einhaltung der für die Erziehung vorgesehenen Zeit gedrängt werde, während in Wirklichkeit die Arbeit alle Zeit beanspruche. Er hoffe, manche Stunden während der Regentage nachzuholen, doch glaube er nicht, sie ganz einholen zu können.

2. Der Natschalnik gibt an, jeden Sonnabend Lesestunden über Geschichte und Geographie Bulgariens und der angrenzenden Länder, über Staatsrecht und Hygiene zu geben. Nach Angaben des Uredniks sind diese Stunden im allgemeinen eingehalten worden.

3. Irgendwelche Besprechungen finden nicht statt. Als die neuen Trudowaken (die aber bereits voriges Jahr 2 Monate gearbeitet hatten) ankommen, hielt der zweite Natschalnik eine Ansprache über ihre Pflichten als Lagerangehörige. Dieses war also nur eine Instruktionsstunde.

4. Es gibt eine Zeitschrift für Trudowaken, sie enthält 4 Abteilungen: Hygiene, Technik, Disziplin, Unterhaltung. Erscheint zweimal monatlich, Preis für die Trudowaken 1 Lewa. Hier im Lager haben wir sie noch nicht gesehen.

5. Die ersten Diensttage des Trudowaken sind der Erlernung der wichtigsten Lagerregeln gewidmet. In dieser Zeit erhält er auch hygienische Verhaltungsmaßregeln und disziplinarische Vorschriften. Hier wird auch das „Sa Bolgaria trud" und andere allgemeine Aufgaben durchgesprochen. Für die Trudowakenzeitschrift interessieren sich nach D.'s Angabe alle. Der Dessatnik weiß nichts von dieser Zeitschrift. Einmal haben wir in einer Trudowakenhütte vier Exemplare gesehen. Das Buch („Des trudowaken Freund") kennt er und behauptet, es gelesen zu haben. Weitere Verbreitung scheint unter den Trudowaken ein Heft zu haben, daß die in Titscha vorkommenden Wald- und Holzarbeiten behandelt."

B) Pädagogische Absicht

1. Auf den Einwand geringer Wirtschaftlichkeit hin wurde sowohl vom hiesigen Bezirksingenieur wie auch später und unabhängig von diesem Urteil vom Natschalnik betont, daß vor allem auch erzieherische Gesichtspunkte obwalten. Der Ingenieur erklärte, daß eine Erziehung durch die Marschübungen stattfände, während der Natschalnik in den Vordergrund rückte, daß schon allein durch das Zusammenleben der Leute der Gesichtskreis des Einzelnen wesentlich erweitert würde und eine gegenseitige Erziehung stattfände. — Nach unserem Dafürhalten ist die Begründung des Natschalnik als erstes aber durchaus nicht einziges erzieherisches Moment richtig. Den Bauern, die teils als Hirten versprengt wohnen, oder auch in einer Dorfgemeinschaft ohne besondere Bindung leben, muß das 6 monatliche Leben in einer straff zusammengefaßten Gruppe mit der Pflicht zur Unterordnung, Pünktlichkeit und Gewöhnung an Sauberkeit, zweckmäßige Lebensformen und Zeiteinteilung von größter Bedeutung sein und günstige Einwirkungen auf ihre spätere Lebensführung hervorrufen.

2. Erziehungsabsichten (Angabe des Urednik): Erziehung der Jugend zur körperlichen Leistung, zum Pflichtbewußtsein gegen das Volk. An-

leitung zur Selbsterziehung, Verbesserung der wirtschaftlichen Verhältnisse des Landes durch moderne Bearbeitung des Landes. Anreiz, die gleiche Arbeit auch nach Ableistung der Dienstpflicht wiederaufzunehmen und weiterzuführen. Die erste Bedingung für die Erreichung dieses Zweckes ist, daß alle jungen Männer sich an die Arbeit gewöhnen. Daß sie den Staat lieben und erfahren, daß Arbeit ein Glück für das Volk ist.

3. In den Unterrichststunden werden auch Kenntnisse vermittelt, die die Bauern später verwenden können, so z. B. wie man sich gegen einen Waldbrand wehrt. Die Voraussetzungen einer Aufforstung, Schutz der Weinberge, Verwertung der Düngemittel. Die übrigen Fächer, wie Geschichte, Staatsrecht, werden nach dem Urteil des Natschalnik nur ganz oberflächlich und in den rohesten Begriffen behandelt."

4. „Alkoholgenuß ist den Leuten im Lager und auch sonst gestattet. Wir haben aber nie gesehen, daß jemand betrunken war. Auch bei der Arbeit darf geraucht werden. Von dieser Erlaubnis wird schon öfter Gebrauch gemacht.

C) Erfolge

1. Eine politische Erziehung als Schulung zum politischen Denken ist bei dieser Gruppenzusammensetzung nicht möglich. Es können nur die einfachsten Begriffe von Aufbau und Gefüge des Staates beigebracht und etwas von den Funktionen seiner Führer erzählt werden. Daneben wird den Leuten bei jeder Gelegenheit eingeprägt, daß die Arbeit für das Vaterland geschieht. Eine Erziehung zur Volksgemeinschaft — etwa mit dem Ziele einer Überbrückung von Gegensätzen zwischen Staat und Land — ist bei dem völligen Fehlen dieser Probleme im Lager selbst nicht akut. Zur Disziplin und zum Gehorsam werden die Leute durch Arbeitsordnung und Lagerzwang erzogen.

2. Jeder Versuch, aus den Leuten herauszuhören, was ihnen in den verschiedensten Instruktionsstunden erzählt oder beigebracht worden ist, war nahezu erfolglos. Die Schwierigkeiten lagen nicht nur in einer unzweckmäßigen Fragestellung des Dolmetschers und in mangelhaftem Eingehen auf den Einzelnen, sondern zu einem gewissen Teile sicher auch daran, daß die Leute wohl irgend etwas wissen, vielleicht sogar in der Praxis anwenden können, ihnen aber die Möglichkeit fehlt, ihre Gedanken auf überraschende Fragen hin auszusprechen. Außerdem war schwierig zu unterscheiden, was die Antwortenden bereits vorher gewußt oder erst hier gelernt haben.

3. Zwei geweckte Trudowaken erzählen, sie hätten gelernt, im ganzen ihre Zeit besser einzuteilen. In der Stunde für Naturwissenschaft wurde auf die Verwendung von Düngemitteln hingewiesen und es sei bereits auf den Dörfern feststellbar, daß heute viel mehr mit Dünger gearbeitet werde, als vor 5 Jahren zu Anfang der trud. pow. Auf Grund der Kenntnisse über die Behandlung von Forsten, seien in den Dörfern bereits die Angestellten der Gemeindeforsten zum großen Teil ehemalige Trudowaken. Ferner sei über die Aufzucht von Federvieh gesprochen worden. Als eigentlich Neues sei die Einrichtung eines Hühnerstalles dargestellt worden; desgleichen die Obstpflanzung und die Behandlung dieser Bäume.

Von der Hygiene berichten dieselben Trudowaken, durch den Kleiderappell werde man gezwungen, für Sauberkeit und reine Wäsche zu sorgen. Die meisten hätten sich früher kaum gewaschen und müssen es jetzt regelmäßig tun.

Ein Gespräch:

Hast Du Dich früher gewaschen? — Nein
Wirst Du Dich später weiterwaschen? — Ja.
Warum? — Po dobre. (Es ist besser).

4. „Der technische Leiter der Arbeit hebt als erzieherische Wirkung hervor, daß die Leute lernten, die Werkzeuge völlig zweckentsprechend zu gebrauchen, sowie für deren achtsame Behandlung und Reparatur Sorge zu tragen."

Die Strafen, die den Arbeitsdienstpflichtigen auferlegt werden, sind im Arbeitsdienstpflichtgesetz (Kap. 3) aufgezählt. In der Praxis werden folgende Strafen verhängt:

a) Verweis durch den Vorgesetzten allein oder in Gegenwart von Kameraden;
b) Verrichtung von Überarbeit,
c) Verlust des Urlaubs;
d) Haft;
e) Nachdienen bis zu einem Zeitraum von 8 Monaten.

In welchem Maße sie verhängt werden, darüber geben die Aufstellungen einiger Gruppen Auskunft: a) Unbefugtes Verlassen des Dienstes: eine Abwesenheit bis zu drei Tagen wird durch den Natschalnik durch Einsperren im Lager und 3 Tage Nacharbeiten bestraft (ob der Natschalnik diese Strafe verhängen will steht in seinem Ermessen). Abwesenheit bis zu 15 Tagen: Strafe durch den Upravitel nach freiem Ermessen. In beiden Fällen handelt es sich um keine Kriminalstrafe. Ein Wegbleiben von länger als 15 Tagen wird von den ordentlichen Gerichten geahndet und bringt ein bis zwei Jahre Gefängnis. Die Bestrafung weniger schwerer Fälle gestattet dem Vorgesetzten die Berücksichtigung der sonstigen persönlichen Leistungen des flüchtigen Trudowaken und eventuell auch Straffreiheit. b) Schlechte Arbeit, Faulheit: Zunächst Ermahnung durch den Vorgesetzten; wenn dieses erfolglos, so muß der Natschalnik an den Direktor schriftlich berichten und dieser kann Dienstverlängerung bis zu 8 Monaten verhängen. Weitere Straftatbestände sind: Mangelnde Sauberkeit, Sprechen im Glied, Nichtgrüßen, mangelhafte Befehlsausführung, Verspätung, Widerspruch gegen Befehle, Trunkenheit, Glücksspiel, Unachtsamkeit auf die eigene Gesundheit.

In Ermangelung eines Arrestlokals greift man zu anderen Strafmitteln: der Bestrafte muß für jeden Arresttag 2 Stunden mit Steinen im Rucksack oder mit geschultertem Arbeitswerkzeug in der Sonne stehen, jedoch nicht mehr als 2 Stunden täglich. Auch diese „Arresttage" werden dem Sträfling nicht in die Arbeitszeit eingerechnet. Bestrafung durch Schläge ist offiziell nicht zugelassen. Die Berechtigung zur Verhängung der verschiedenen Disziplinarstrafen bemißt sich nach der Rangordnung der Beamten. Diese Stufenordnung der Strafbefugnisse zeigt folgende Tabelle:

Wer bestraft	Über-arbeisstd.	Auferl. bes.[1]) Dienste	Verweis	Urlaubsentziehung[2])	Arrest
Dessatnik	1	—	—	—	—
Urednik	2	2	+	bis 5 Tage	—
Upravnik	3	3	+	„ 7 „	—
Natschalnik na jadro	4	4	+	„ 14 „	—
Natschalnik na grupa	5	5	+	„ 21 „	3 Tage
Chef des Büros ..	5	5	+	„ 30 „	15 „
Ständ. Ratsmitglied	5	5	+	„ 30 „	20 „
Hauptdirektor ..	5	5	+	„ 30 „	30 „

Bei den von den Unterführern verhängten Strafen hat der Chef kein Abänderungsrecht.

Die häufigsten Strafgründe sind folgende (in Prozent der Straffälligkeit):

1. Nichterscheinen zur Arbeitsdienstpflicht am bestimmten Datum (etwa 41%);
2. unerlaubte Entfernung von der Gruppe (ungefähr 3%);
3. unpünktliches Erscheinen zur Arbeit (ungefähr 21%);
4. Ungehorsam gegen Vorgesetzte (ungefähr 3%);
5. Ungewissenhaftes Arbeiten während der Dienstzeit (etwa 2%).

Hierzu muß bemerkt werden, daß die Gründe für die unter Punkt 1 erwähnten Vergehen, deren Prozentsatz auffallend hoch ist, meist nicht an dem schlechten Willen der Arbeitsdienstpflichtigen liegt. Die Gemeindeverwaltungen benachrichtigen die jungen Männer oft nicht rechtzeitig vom Einberufungsdatum, was oft mehrtägige Verspätung zur Arbeitsdienstpflicht zur Folge hat. Diejenigen, die von den Gruppen desertieren, kehren meist nach ein paar Tagen Aufenthalt bei ihren Familien, wieder zu den Gruppen zurück. Der Prozentsatz derjenigen, die nach der Flucht überhaupt nicht mehr zurückkehren, oder von den Behörden wieder eingeholt werden, ist außerordentlich gering. So berichten unsere Studiengruppen von der einen Arbeitsgruppe 2 Fälle der Dienstflucht während der ganzen Arbeitszeit. Das Desertieren kommt nach Auskunft eines Natschalniks am häufigsten bei Türken und Zigeunern vor, die für das „za Bolgaria trud“ weniger Verständnis haben.

---

[1]) Z. B. besonderer Nachtwachendienst.

[2]) Vom Tage der Bestrafung ab wird für die jeweils bestimmte Zeit kein Urlaub gewährt.

Arbeitsleistung und ökonomischer Gesamterfolg

Verteilung der Arbeitskräfte

Aus den Mitteln, die der Direktion der trud. pow. etatsmäßig zur Verfügung stehen, konnten bisher von den im Jahre durchschnittlich 35—40000 zur Ableistung der Dienstpflicht Einberufenen nicht mehr als 18—20000 wirklich eingezogen, bekleidet, beköstigt und im Durchschnitt sechs Monate beschäftigt werden. Im Jahre 1926 war die „Reservearmee" der tatsächlich nicht Eingezogenen auf etwa 130000 angewachsen. Diese Schwierigkeit wurde erst allmählich durch Verwendung von Mitteln außerhalb des Haushaltes der trud. pow. bewältigt.

Für die Verteilung der aus eigenen Haushaltmitteln eingestellten Arbeitskräfte ergibt sich für das Jahr 1929 nachstehendes Bild. Von 18690 Trudowaken waren den verschiedenen Ressorts zur Verfügung gestellt:

	In der Zeit vom	
	1. 5.—1. 11.	1. 11.—1. 5. 30
1. Dem Minist. f. öffentl. Arbeiten zum Bau u. Wiederherstellung von Straßen	11200	—
2. Dem Minist. f. Eisenbahnen u. Häfen	1100	—
3. Dem Minist. f. Landwirtschaft zur Arbeit in Gestüten u. Musterwirtschaften	170	170
4. Dem Kriegsministerium zum Bau von Wegen, Flugplätzen usw.	1550	100
5. Dem Kultusmin. zur Mitarbeit bei Ausgrabungen	100	—
6. Für die Eigenbetriebe (Techn. Gruppen, Wirtschaften, Werkstätten und Fabriken)	2300	2100

Diese Zahlen entsprechen dem Verteilungsdurchschnitt der Jahre 1921—28. Danach waren beschäftigt:

Beim Straßenbau 42 v. H., Eisenbahnbau 26,2 v. H., in Eigenbetrieben 21,4 v. H. usw. Daraus ergibt sich, daß der weitaus größte Teil des Arbeitseinsatzes in der Erdarbeit erfolgt, nur ein verhältnismäßig geringer Teil wird mit qualifizierter Arbeit beschäftigt. Die Zahl der im Bereich des Landwirtschaftsministeriums eingesetzten Kräfte nimmt entgegen den ursprünglichen Plänen, bereits in den ersten Jahren schnell ab, fehlte es doch an größeren landwirtschaftlichen Betrieben in staatlicher Verwaltung. Ebenso beträgt die Zahl der in Eigenbetrieben beschäftigten Trudowaken weniger als ein Drittel der im Jahre 1923/24 dort Beschäftigten. Es hängt dies mit der Auflösung eines unwirtschaftlich arbeitenden Teiles der Eigenregie zusammen.

Die einzelnen Ministerien erhalten bestimmte Kontingente an Arbeitskräften der trud. pow. zugewiesen, die sie neben sonstigen Arbeitnehmern verwenden, wie sie ja auch immer noch den weitaus größten Teil ihrer Aufträge in freier Konkurrenz vergeben. Obwohl die Ressorts, so vor allem das Eisenbahnministerium, mit qualifizierten Arbeitskräften und Akkordarbeit schneller zum Ziele kommen würden, so liegt der Vorteil für sie nicht nur darin, daß sie die Arbeitsleistung der Trudowaken nur durch bloße Verrechnung der Etats zu begleichen haben, sondern auch in der Sicherheit eines festen Stammes von Arbeitern in den Zeiten konjunktureller Abwanderungen innerhalb des Arbeitsmarktes nach Gebieten mit günstigeren Lohnverhältnissen (Weinernte, Tabakbau). Ein in-

Linien	Jahr	Ordentl. trud. pow.	Period. trud. pow.	Lohnarbeiter	Privatunternehmer
Rakowski ...	1926	3617	4560	9518	—
Chaskowa ...	1927	—	1522	34999	6931
Mestanli					(1 Tunnel)
Jambol	1926	1556	2912	704	1698
Elchowo	1927	581	981	333	3375
Radomir	1926	1344	3262	2190	—
Dupnitza	1927	2198	1920	5065	—
Dolowo	1926	2127	2894	5085[1])	282
Sliven	1927	3305	2605	27870[1])	2336
Plowdiff	1926	622	6172	4282[1])	—
Karlowo	1927	735	3122	6234[1])	—
Plowdiff	1926	1116	4951	1531[1])	—
Panagürischte	1927	792	1876	7037[1])	—
Tatar Pasardschik	1926	—	706	1049[1])	
Warwara	1927	1402	433	8841[1])	(Schmal-
Sarambej	1926	1501	357	10887	spur)
Lödshene	1927	1952	381	5888	
Awpanowi Kolibi Tetewen	1926	873	4656	1372	
	1927	702	3176	1184	
Zusammen		24423	46486	134069	14622
v. H.		11,1	21,2	61,1	6,6

[1]) Einschließlich der Materialausgaben (Brücken).

teressantes Bild der Verteilung der **reinen Arbeitskosten** (in Tausenden Lewa) auf die verschiedenen verwendeten Arbeitergruppen und damit auch einen Eindruck vom Einsatz der Arbeitsdienstkräfte auf einem wesentlichen Gebiet der öffentlichen Bauverwaltung gibt vorstehende Übersicht von den im Jahre 1926/27 im Bau befindlichen Strecken.

Arten und Menge der geleisteten Arbeiten

Bei der Beurteilung der Leistungsquantitäten muß berücksichtigt werden, daß im Betriebe im allgemeinen nur die elementarsten Werkzeuge Verwendung finden (Hacken, Schaufeln, Karren).

Ganz vereinzelt werden in der Erdarbeit Maschinen verwendet wie pneumatische Gesteinsbohrer, Bagger usw. Nur selten wird der Schubkarren durch eine Feldbahn ersetzt. Als Fuhrwerk dient allgemein das einfache Gespann.

Im Folgenden soll neben der Übersicht über die Gesamtleistung des ersten Jahrzehnts auf den Hauptarbeitsgebieten vergleichsweise die Arbeitsleistung **eines** Jahres 1929/1930 angegeben werden[1]).

1. Wegebau

Neue Straßenbauten und Zubehör							
Straßen		Zubehör					
Erdarbeiten	Straßendecke	Brücken	Wasserläufe		Brunnen- u. Wasserleitungen		Stützmauern
Kilometer		Stück			Zahl	Meter	Meter
2606,000		388	799	10	31	2780	40359

Straßenausbesserung					
Bachverbauung usw.	Wiederherstellung der Straßendecke	Brücken	Wasserläufe		Stützmauern
Meter	Kilometer		Stück		Meter
15230	1665,500	395,060	51	173	4060

Nach der Schätzung der Direktion der trud. Pow. hatte Bulgarien Anfang März 1921 im ganzen 14376 km Straßen, davon 3368 km in gutem Zustand und zu Anfang 1929 21797 km, davon 8525 km in gutem Zustand, so daß in der Zeit von 1921—1929 das Straßennetz um 7421 km, die Straßen von guter Beschaffenheit

[1]) Aus den offiziellen Rechenschaftsberichten der Direktion.

um 5157 km vermehrt worden wären. Darnach wäre reichlich ein Drittel der Straßenneubauten und Ausbesserungen in diesem Zeitabschnitt von der trud. pow. geschaffen worden.

Im Jahre 1929/30 ist an Wegbauten geleistet worden:

Neue Straßen und Zubehör						
Straßen		Zubehör				
Erdarbeiten	Straßendecke	Brücken	Wasser	Brunnen	Stützmauern	Bachverbauung usw.
Kilometer		Stück			Meter	
453,745	172,453	49	181	14	8324	5880

Diese Arbeiten sind in 1187781 achtstündigen Tagewerken bewerkstelligt.

Der Gegenwert beträgt nach den Verrechnungsprotokollen 131917899 Lewa.

2. Arbeiten an Eisenbahnlinien und Häfen

Bau neuer Linien und Zubehör									
Reine Erdarbeiten					Flußverbauung		Brücken	Gebäude Einstöckige	
Kilometer				Meter		m²	Stück	Stück	m²
535,00	100,000	6,750	11,480	3508	1531	663889	163	32	1667

Gebäude Zweistöckige		Wasserleitungen u. Brunnen		Verbreiterung	Brücken u. Wasseranschlüsse			Stützmauern	Ausbesserung v. Hafenmolen	Herrichtung v. Gebäuden
Stck.	m²	Stck.		m²						
8	2254	3	2696	193,750	201,100	18	—	—	50	864

für das Jahr 1929/30.

Neubauten						Ausbesserungen		
				Brücken u. Wasseranschlüsse	Einstöckige Gebäude	Ausbesserungen		Mauern
Kilometer			m²	Stück	Stück / m²	Kilometer		
12,230	7,300	5,000	1000	1	$\frac{1}{30}$	3,100	—	—

Diese Arbeiten wurden in 122385 Tagewerken zu 8 Stunden bei einem Gegenwert von 10610563 Lewa verrichtet.

3. Die Forstwirtschaft Titscha

Der Forstwirtschaft Titscha gilt seit der Gründung der trud. pow. besondere Aufmerksamkeit. Sie soll eine Musterwirtschaft in dem noch sehr darniederliegenden bulgarischen Forstwesen werden. Bulgariens einstiges großes Waldgebiet ist frühzeitig sinnloser Ausbeutung zum Opfer gefallen, und wenn auch die bewaldete Fläche mit 29,4% (i. J. 1908) recht erheblich ist, so sind doch nur wenige Waldungen (kaum ein Viertel) von erfaßbarem wirtschaftlichem Wert.

Den größten Teil der Wälder besitzen die Gemeinden (58%), an zweiter Stelle kommt der Staat (22,7%) mit den wertvollsten Wäldern, erst an dritter Stelle steht der Privatbesitz.

Dem Wiederaufbau der Waldwirtschaft steht vor allem entgegen, daß die Kenntnis und das Verständnis für eine ordentliche Pflege des Neuwuchses der Bevölkerung völlig verlorengegangen ist. Man hofft durch die Beteiligung vieler Trudowaken an rationeller Waldwirtschaft diese Kenntnis wieder zu verbreiten.

Als rationelle Ertragswirtschaft der trud. pow. gedacht und zum Beweise der Rentabilität der ganzen Einrichtung oft herangezogen, ist die Waldwirtschaft Titscha von besonderem Interesse.

Nahe der Küste des Schwarzen Meeres südlich von Warna gelegen, ist sie ein wirtschaftlich autonomes Unternehmen der trud. pow. Ihr Zweck ist die Ausbeutung der im staatlichen Besitz stehenden Wälder. Das geschlagene Holz findet mit geringer Ausnahme in staatlichen Betrieben Verwendung (Eisenbahnschwellen, Telegraphenstangen, Grubenholz, Brennholz). Neben der Ausbeutung steht die Wiederaufforstung. In 88 Jahren soll neuer Wald entstehen.

Die für die Holzarbeit in den Wäldern verwendeten Kräfte sind durchweg Trudowaken. Bei dem großen Betriebe werden hier die Eingezogenen aus einem bedeutend größeren Umkreise herangeholt als an anderen Stellen. Die Gesamtzahl der in Titscha beschäftigten Trudowaken beträgt zwischen 1000 und 2000. Von den vier Großgruppen sind zwei reine Waldarbeitskolonnen, die anderen als „technische Gruppen" beim Holzverladen und in der Fabrik beschäftigt. Daß eine große Zahl Trudowaken in dieser „geschlossenen Wirtschaft" in Nebenbetrieben aller Art beschäftigt wird, versteht sich von selbst. Die Führung teilt sich in eine kaufmännische, eine technische und in die organisatorische.

Die einzelnen Untergruppen sind hier besonders beweglich und wechseln ständig ihre Arbeitspläne.

In Dolen Tschiflik, am Ort der Verarbeitungsfabriken gibt es für die technische Leitung einen Oberingenieur; für die Leitung besonderer Arbeiten, wie Eisenbahnbau, hat man Spezialingenieure angestellt. Die Gesamtzahl der Beamten (einschließlich der Natschalniks) beträgt 120.

Zur Versorgung der Gruppen gibt es eigene Bäckereien und Gemüsegärten. Die Unterbringung findet in der Nähe der Arbeitsplätze in Kasernen statt. Die Trudowaken werden hier in beschränkter Zahl auch im Winter beschäftigt.

Das ganze Territorium Titscha ist durchweg mit dichtem Fichten- und Buchenwald bestanden. Das Landwirtschaftsministerium läßt durch die Förstereien die zu schlagenden Bäume bezeichnen und verrechnen. Das gefällte Holz wird je nach seiner Beschaffenheit verwendet. In erster Reihe für Eisenbahnschwellen, dann für Grubenstempel, der Rest ist Brennholz. Am Schluß jedes Arbeitstages wird das Holz in Metern aufgestapelt. (Stockhöhe 1,10 m, Stoßweite 1,00). Der Arbeiter schreibt seinen Namen, die Menge und das Datum auf den Holzstoß, dieser wird dann von dem Urednik abgenommen.

Je zwei Mann arbeiten hier zusammen. Verlangt werden von diesen beiden 5 m^3 täglich bei 10-stündiger Arbeitszeit. Es wird also nach Akkord gearbeitet. Werden die 5 m^3 in dieser Zeit nicht geschafft, so muß die Mittagspause dazu genommen, unter Umständen muß auch über den allgemeinen Arbeitsschluß hinaus gearbeitet werden. Es gibt Arbeitsgruppen, die ihre wöchentliche Arbeitsmenge von 30 m^3 schon Freitag oder Sonnabend Mittag erledigt haben. Diese haben dann die so ersparte Zeit frei. Wie wir beobachten konnten, kommt dies aber selten vor. Im allgemeinen muß sehr fleißig und sehr anstrengend gearbeitet werden, um die verlangte Menge zu bewältigen. Es kommen noch andere Momente, wie oft sehr langer Arbeitsweg mit Werkzeug erschwerend hinzu. Die 10-stündige Arbeitszeit entspringt der Absicht, im Sommer recht viel zu schaffen. Die Gesamtarbeitszeit ist hier dafür auf 6 Monate und 20 Tage beschränkt.

Die Arbeitsmethode ist einwandfrei. Die Trudowaken selbst arbeiten äußerst schnell und geschickt. Die Handwerkzeuge werden in guter Ordnung und Beschaffenheit gehalten. Zum Abtransport des Holzes hat die trud. pow. bis jetzt in eigener Regie etwa 50 km Bahnlinien Schmalspur mit 9 Lokomotiven und 70 Wagen aufgestellt. Ebenso wurden 12 Beamtenhäuser, die Fabrikgebäude, und die Mannschaftshäuser von Trudowaken gebaut.

Der Fabrikbetrieb besteht aus Sägewerk und Holzbearbeitungsfabrik. Das erstere arbeitet mit vier Vertikalgattern, davon 3 mit 90 cm, eines mit 60 cm Breite, ferner 2 Kreissägen. Hier werden die Schwellen zugeschnitten, die Kasten mit der Axt behauen. Die Energie liefert ein Gasmotor von 16 PS. Beabsichtigt ist der Bau einer Dynamoanlage. Der zweite Betrieb ist eine Holzbearbeitungsfabrik mit zahlreichen Spezialmaschinen. Die weitaus wichtigste Arbeit dieser Werkstatt ist das Zuschneiden von Parkettstücken. Die durchschnittliche Tagesleistung beträgt 1,50 Festmeter Holz, was einer belegten Fläche von 25 m^2 gleichkommt. Andere Erzeugnisse dieses Betriebes sind Fensterrahmen, Wagen, Möbel, Türen, Fässer.

Nebenbetriebe sind Schlosserei und Schmiede. Es wird hier danach getrachtet, Trudowaken im Handwerk aus- und fortzubilden.

Bei der Gründung des ganzen Unternehmens Titscha wurde eine Rentabilität nicht unbedingt erstrebt. Jetzt ist die Leitung außerordentlich bemüht einen Gewinn herauszuschlagen. Nach der üblichen Verrechnungsweise der trud. Pow. muß die Direktion das Holz vom Landwirtschaftsministerium kaufen und verkauft das geschlagene und z. Z bearbeitete Holz an andere Ministerien. Es läßt sich also der Gewinn leicht feststellen. Bereits in den ersten 5 Jahren des Bestehens wurde ein Überschuß erzielt:

Insgesamt entstandene Kosten..	158 Mill. Lewa
Gesamteinnahmen	178 „ „
Überschuß also:	20 Mill. Lewa.

Die Ausgaben verteilen sich in runden Zahlen wie folgt:

Ankauf des Holzes	44000000	Lewa
Alle Bauten, Bahnen, Maschinen	32000000	„
Arbeitsgerät, Kleidung der Trudowaken und Löhne an Privatarbeiter für Holzabfuhr.....	40000000	„
Beamtengehälter, Nahrung, Tierhaltung	42000000	„
	158000000	Lewa

Bis 1930 hatte Titscha hergestellt:

564250 Normalspurschwellen
256692 Schmalspurschwellen
349155 m Grubenstempel
352545 m Telegraphenstangen
664614 m^3 Brennholz
2366131 m^3 Holzkohle
12600 m^3 verschiedenes Baumaterial[1]).

Im Jahre 1929/30 leistete der Betrieb 255272 Tagewerke allein im Außenbetrieb.

---

[1]) Die Gesamtausbeute der Bulgarischen Forstwirtschaft wird für das Jahr 1911 mit 526227 m^3 Bauholz, 2054238 m^3 Brennholz und 6342666 kg Holzkohle angegeben.

4. Sonstige Eigenbetriebe der trud. pow.

Die Ziegelei bei Sofia produzierte 1922—1929

Rohziegel	23312055	Stück
Gebr. Ziegel	21669618	,,
Verkauf	18392996	,,

Dabei handelt es sich bei dieser Ziegelei um einen Betrieb, der, völlig heruntergewirtschaftet, von einer Konzession zurückgekauft worden war und in langsamer Ertragssteigerung zu einem Reingewinn abwerfenden Unternehmen entwickelt worden ist.

Die Schuhfabrik und Schneiderwerkstatt in Gorno Banja dient in erster Linie dem Eigenbedarf der trud. Pow., doch scheint die Tendenz zu bestehen, mit diesen Unternehmungen die Staatsverwaltung auf gewissen Gebieten von der freien Ausschreibung unabhängig zu machen. Bis 1923 wurde Handarbeit (!) mit einer Tagesleistung von 1,5—2 Paar Stiefel durch den einzelnen Arbeiter verrichtet. Gegenwärtig beträgt die Tagesleistung an Maschinen 4 Paare täglich. In der Schneiderwerkstatt werden 180 Trudowaken und 5 Meister beschäftigt.

Die Schuhfabrik verrichtete im Jahre 1929 an 27000 Tagewerke und produzierte an Schuhen und Stiefeln (die Produktion von 1922—1929 in Klammern):

für Trudowaken	20835	(82610)	Paar
Zivilschuhe	281	(1162)	,,
für Heer u. Polizei	32905	(113307)	,,
für andere Behörden	710	(13838)	,,

Die Schneiderwerkstätten stellten in 41950 Tagewerken unter anderen her:

Mäntel	7933	(44243)
Unterjacken	15028	(151680)
Sommerjacken	34111	
Winterhosen	42491	(176250)
Sommerhosen	2813	

Die Produktion an Zivilkleidung ist unerheblich. Die Bekleidungsbetriebe waren nicht als Überschußbetriebe gedacht, trotzdem wurden beträchtliche Reingewinne erzielt. Die Qualität der Erzeugnisse ist nach allgemeinem Urteil gut.

Einige Betriebe, die einer zentralen Nahrungsmittelbeschaffung der trud. Pow. dienen sollten, sind als unwirtschaftlich wieder abgegeben worden. Die einzelnen Bezirksbüros versuchen weiterhin den Bedarf weitgehend aus eigener Produktion, vor allem in Gärtnerei und Viehzucht zu decken. Ebenso werden die notwendigen Hilfsarbeiten, z. T. unter Leitung von Spezialarbeitern

(Schmiede, Wagner, Bekleidungsgewerbe) in den Bezirksarbeitsgruppen erledigt. Der Wert dieser Arbeiten für das Jahr 1929/30 wird auf 21 Millionen Lewa geschätzt.

5. Einsatz von Arbeitskräften der trud. Pow. mit außeretatsmäßigen Mitteln

Um die stets wechselnde Zahl von Trudowaken, die mit Mitteln des eigenen Haushaltes nicht mehr zu beschäftigen waren, in produktiver Weise unterzubringen, wandte sich die Direktion zunächst mit einem Angebot von Arbeitskräften an solche Stellen der Staats- und Gemeindeverwaltungen und öffentliche Wirtschaftsunternehmungen, die Arbeiten, wie sie von Trudowaken verrichtet werden konnten, zu vergeben hatten. Man verlangte als Gegenleistung allein die Kosten der Verpflegung in bar oder Naturallieferung. Von diesem Angebot wurde aber kein Gebrauch gemacht, und es wären auch nicht geringe Organisationsschwierigkeiten entstanden, sofern die Arbeitskräfte fremder Leitung unterstanden hätten.

Eine erste große Einsatzmöglichkeit bot ein ausgeschriebenes Projekt der Flüchtlingsansiedelungskommission auf Trockenlegung des Sumpfes von Karaboas (Donauniederung). Die Direktion der trud. Pow. trat als Konkurrent auf und konnte ausländische Angebote mit 27 v. H. unterbieten. Das Gesamtprojekt hatte einen Wert von 38 Mill. Lewa[1]) und bot 15000 Trudowaken für eine Arbeitsperiode Beschäftigung. Für dieselbe Rechnung wurden weitere Trockenlegungsarbeiten in Angriff genommen, so im Sumpfgebiet von Straldsha (bei Stara Sagora), ferner vier Straßenbauten in einer Gesamtlänge von 70 km. Einige größere Drainagen, Straßenbauten usw. sollen noch übernommen werden. Durch alle diese Arbeiten ist die Zahl der noch nicht eingezogenen Trudowaken auf etwa 50 Tausend zurückgegangen. Bei diesen Arbeiten sind im Jahre 1928/29 über 1,2 Millionen Tagewerke im Werte von 78 Millionen Lewa abgeleistet worden! Der Wert der für das Jahr 1930/31 auf fremde Kosten übernommenen Straßenbauten allein wird auf etwa 36 Millionen Lewa geschätzt.

Von Anfang Mai 1921 bis Ende 1929 sind im ganzen 154540 Mann zur Arbeitsdienstleistung herangezogen worden. Sie leisteten insgesamt 13578930 Tagewerke zu 8 Stunden im Gegenwert von 1,193 Milliarden Lewa.

---

[1]) Die Angaben des Wertes beziehen sich immer auf den 8 Stunden-Tagelohn.

Das wirtschaftliche Ergebnis

Vorbemerkung: Die Arbeitsdienstpflicht ist eine Wirtschaftseinrichtung des Staates. Obwohl der verwaltungsmäßigen Autonomie dieser Einrichtung auch eine weitgehende wirtschaftliche Selbstverwaltung entspricht, so ist sie doch in ihrer gesamten Funktion und Erweiterungsmöglichkeiten, vor allem in Bezug auf ihre Kredite derart mit der gesamten Staatswirtschaft verflochten, daß eine ökonomische Betrachtung nur aus dem Rahmen des gesamten bulgarischen Staatshaushaltes erfolgen kann.

Die Richtigkeit des von der Direktion beigebrachten Zahlenmaterials ist oft angezweifelt, z. T. als widersprechend, oder direkt falsch bezeichnet worden[1]). Für die erste Zeit mag dies zutreffen. Doch erfuhr das Zahlenmaterial eine immer schärfere Korrektur dadurch, daß die Direktion die Existenzberechtigung der Dienstpflicht stets durch Wirtschaftlichkeit nachzuweisen hat und dabei der Kontrolle und der Konkurrenz der Ressorts bei der Aufstellung des Staatshaushalts ausgesetzt ist. Das Verrechnungssystem der auftraggebenden Ministerien gegenüber der arbeitskraftliefernden trud. pow. bringt es ferner mit sich, daß die Zahlen von den auf die Einhaltung der einzelnen Ressortetats bedachten Stellen mit kaufmännischer Genauigkeit nachgeprüft werden, da diese Kontrolle an den einzelnen Arbeitsstationen auf dem Wege der Werkübernahme erfolgt.

I. Der bulgarische Staatshaushalt im allgemeinen. (Am Beispiel des Haushalts von 1927/28 gesehen)

An Staatseinnahmen waren im Haushaltsplan von 1927/28 6993,1 Mill. Lewa vorgesehen, an Ausgaben 6993,2 Mill. Lewa. Der verhältnismäßig größte Teil der Staatsausgaben war für die Deckung der Staatsschulden vorgesehen, nämlich 1576 Mill. Lewa, was mit den Zahlungen für die Kriegsschulden zusammenhängt. Der zweitgrößte Ausgabeposten ist der des Kriegsministeriums mit 1187 Mill. Lewa, der sich aus der relativ kostspieligen Söldnerarmee erklären läßt[2]). An dritter Stelle folgt das Eisenbahnministerium mit 980 Mill., weiter das Kultusministerium mit 886 Mill. Lewa.

Unter den Staatseinnahmen bilden die ersten Posten direkte Steuern mit 897 Mill. Lewa, indirekte mit 2730 Mill. Lewa, Eisen-

---

[1]) So z. B. von Dieckmann: Die Arbeitsdienstpflicht (1926) Athenäumverl. S. 60.

[2]) 1926/27 entfielen von 1234 Mill. des Militäretats 600 Mill. auf Besoldung, 476 Mill. auf Ernährung und Bekleidung und nur 158 Mill. auf die Ausrüstung.

bahnen und Häfen mit 1180 Mill. Lewa, Staatsgüter und -Wirtschaften mit 481 Mill. Lewa.

II. Stellung der trud. pow. im Gesamtetat

Im Vergleich zu diesen Zahlen des Gesamtbutgets belaufen sich die tatsächlichen Ausgaben der trud. pow. nach dem Haushaltsplan

für 1924/25	auf	171,1	Mill.	Lewa	
„ 1925/26	„	192,5	„	„	
„ 1926/27	„	156,3	„	„	
„ 1927/28	„	176,2	„	„	(bewilligte Ausgaben nach dem Haushaltsplan).
„ 1928/29	„	163,8	„	„	(angeforderte Kredite nach dem Haushaltsplan f. das Finanzjahr 1928/29).

Die im Haushaltsplan ausgesetzten Mittel für die trud. pow. machen also etwa den vierzigsten Teil der Gesamtausgaben, oder nicht ganz den siebenten Teil des Militäretats aus.

Das Gesetz über die Arbeitsdienstpflicht und die Ausführungsverordnung dazu sagen nicht ausdrücklich, auf welche Weise die Haushaltsplanung der trud. pow. in die Gesamtstaatswirtschaft eingegliedert werden soll. Jedenfalls steht im Gesetz nichts Konkretes darüber, daß die trud. pow. zur Erledigung ihrer volkswirtschaftlichen Aufgabe, von den anderen Staatsstellen zu Arbeiten gegen Bezahlung herangeholt werden solle. Die AusführungsVO. sagt nicht minder unbestimmt, daß der Oberste Rat der Dienstpflicht auch den mittleren jährlichen Tagelohn festsetzt (§ 14), und daß ihre Arbeitskraft so ausgenutzt werden soll, daß die trud. pow. keine Belastung, sondern eine Entlastung des Staatshaushaltes darstellt.

In der Praxis des Haushaltsplanes hat sich nun der Brauch ausgebildet, daß in den einzelnen Ministerialetats Kredite für die Ausführung von Arbeiten erscheinen, die von Trudowaken geleistet werden sollen, ohne daß ausdrücklich festgestellt wird, daß diese Summen in die trud. pow. oder in die Staatskasse zurückgezahlt werden sollen. Eine Ausnahme macht das Ministerium für öffentliche Straßen, Wege und Volkswohlfahrt, indem es 30 Mill. Lewa zum „Bau und Ausbesserung von Wegen durch Trudowaken" bereitstellt.

Dieses Verfahren wird von der Direktion stark kritisiert[1]). Einige staatliche Anstalten bedienen sich der trud. pow., tragen aber nichts zur Deckung ihres Ausgabenbudgets bei, sondern werben mit denselben Mitteln Tagelöhner oder setzen die Lieferungen, die sie von der trud. pow. erhalten, als von Unternehmern gestellt

[1]) J. Waskoff: Die trud. pow. als staatl. Wirtschafts- und Produktionsfaktor (Trudowa delo I, 7, 137ff.).

ein. Sie führen ihre Verbindlichkeit gegenüber der Direktion der Dienstpflicht als „alte Schulden" und rechnen damit, daß das Budget eine Kraftloserklärung der Verbindlichkeiten innerhalb der einzelnen Staatskassen in Aussicht stellt (§ 4 des Haushaltsplans für 26/27, § 15 des Haushaltsplanes für 27/28). Auch der Fall, daß eine Behörde gar keinen Trudowakenkredit oder zu wenig hat, wird durch jene budgetären Möglichkeit ausgeglichen. Dieses Verfahren verbessert zwar die Lage der einzelnen staatlichen Stellen, verschlechtert aber, rein rechnerisch betrachtet, das Leistungsmaß der trud. pow. und erschwert die Einsicht in ihre Rentabilität.

III. Der Haushalt der trudowa powinnost

Jahresbilanz zum 31. August 1928 für das Finanzjahr 1927/1928.

Aktiva					Passiva
1.	Vorschußzahlungsordres	210550	1.	Gläubiger	14501315
2.	Inventar, Mobiliar pp.	8438881	2.	Staatl. Eigentum	187671894
3.	Maschinen, Geräte, Instrumente	18420701			
4.	Kleidung für die Trudowaken u. a.	22081648			
5.	Halbfertige Sachen	8850138			
6.	Immobilien	57502705			
7.	Rohmaterialien u. a.	20945126			
8.	Lebensmittel	10142511			
9.	Heilmittel	1751538			
10.	Produktion	9003052			
11.	Bearbeitetes Material	3967375			
12.	Groß- und Kleinvieh	8717910			
13.	Außenstände	7051582			
14.	Kontokorrent b. der Staatsbank	2263925			
15.	Alte Schuldscheine	6959688			
16.	Unbezahlte Trudow. Arbeit u. Material	15865688			
		202173209			202173209
	Rechnerische Posten				
17.	Depositen	570593	3.	Depositen	570593
18.	Unentgeltlich geschaffene Werte	354684545	4.	Zur Verfügung gestellte Werte	354684545
		557428347			557428347

Zur Erläuterung der einzelnen Posten:

1. Die Zahlungsordres sind zu ihrem diskontierten Wert eingesetzt[1]).

[1]) Assen Konstantinoff (I. Direktor der trud. pow.). Was lehrt uns die Bilanz der trud. pow. für 1926/27? (Trudowo delo I, 6, 109ff.).

2. 2—10 und 12 bilden zusammen das Betriebskapital, das der Staat für die trud. Pow. aufgewandt hat.

3. Zu 11: Produktion. Das sind die Materialien, die sich noch im Produktionsgang befinden, die noch nicht abgeliefert und deshalb nicht unter 18 angeführt sind.

4. Zu 18: Wäre alle Trudowakenarbeit bezahlt worden, so würde sie diese Summe ergeben haben, oder die trud. pow. hätte. Außenstände in dieser Höhe. Da aber die Stellen, für die die Trudowaken eingesetzt werden, diese Arbeit nicht bezahlen (s. o. S. 73), so erscheint dieser Posten zugleich auf der Passivseite.

5. Zu 2: auf der Passivseite. Dies ist ein Ausgleichsposten, der nicht in dem unter 18 genannten Posten untergebracht werden kann. Es ist das eigentliche Kapital mit dem der Staat an der trud. Pow. als Unternehmen beteiligt ist und für das er Verzinsung erwarten kann.

Gewinn- und Verlustrechnung ergeben folgendes Bild für das Finanzjahr 1927/28.

Gewinn- und Verlustrechnung vom 31. August für das Finanzjahr 1927/28.

Ausgaben				Einnahmen	
1.	Gehälter und Zulagen	31484787	1.	Aus der Forstwirtsch.	31348519
2.	Tage- und Reisegelder	1257125	2.	„ „ Bauwirtschaft	1382435
3.	Prämien	241205	3.	„ „ Ziegelei	3320679
4.	Kanzleikosten	293397	4.	„ „ Schneiderei	2086498
5.	Miete, Heizung	1991953	5.	„ „ Hutmacherei	210460
6.	Verpflegung	59854599	6.	„ „ Schuhmacher.	1106269
7.	Futterkosten	10257864	7.	„ „ Landwirtsch.	1984995
8.	Transporte und Forsttaxe	14415970	8.	Tagelöhne v. Trudowaken	143751752
9.	Unterhaltungskosten	7293442	9.	Loskaufgelder	45313565
10.	Unterstützung, Gesundheitspflege	549893	10.	Strafgelder u. Konfiskation	259301
11.	Ausgemustertes Material	8057321	11.	Verkauf von unbrauchbarem Material	520160
12.	Verlust an Gütern	292224	12.	Ersatz f. Schäden	636414
13.	Abnutzung	17238185	13.	Verschiedenes	1368335
14.	Abgang von Vieh	236203			
15.	Rückzahlung ungerechtfertigter Einnahmen	130904			
16.	Verschiedenes	793897			
17.	Reingewinn	78870460			
		283259382			233259382

Zu den Ausgaben: 1. 1—10 bilden zusammen die eigentlichen Unterhaltungskosten.

2. Zu 11: Steht nur aus formellen Gründen hier und wäre eigentlich auf der Einnahmeseite abzuziehen.

3. 11—16 bilden den Verschleiß und somit die indirekten Unterhaltungskosten der trud. pow.

4. 17 weist einen Reingewinn von 78 Mill. Lewa auf. Im Vergleich zu Posten 2 der Passivseite der Bilanz bedeutet dies eine Verzinsung von 1,8% des eingesetzten Staatskapitals.

Auf der Einnahmeseite ist besonders beachtlich Posten 9. Der Loskauf ist seinem Wesen nach noch eine indirekte Steuer, sein ursächlicher Zusammenhang mit der Dienstpflicht rechtfertigt aber die Einsetzung der Loskaufsumme auf der Einnahmeseite.

Die Frage der Rentabilität

In den bisherigen Veröffentlichungen zur trud. pow. wird die Frage nach ihrer Wirtschaftlichkeit zwar geprüft, aber nicht eindeutig beantwortet. Entweder fehlten die zahlenmäßigen Unterlagen, wie selbst bei Lazard[1]), oder es wird die Möglichkeit einer Rentabilitätsbetrachtung auf der rechnerischen Grundlage, wie sie die Direktion des Arbeitsdienstes gibt, überhaupt abgelehnt. Das Zahlenmaterial ist inzwischen bedeutend angewachsen und dürfte auch, wie schon bemerkt wurde, nach seinem Zustandekommen auch kritischer Betrachtung standhalten.

Was nun die Frage der Rentabilitätsprüfung überhaupt anlangt, so muß man sich vergegenwärtigen, wie sehr diese Fragestellung bei allen Staatsbetrieben seit jeher umstritten ist (lehrreich sind dafür aus neuerer Zeit die Verhandlungen der Sozialisierungkommission für den deutschen Kohlenbergbau) und wie sehr eine Stellungnahme von so allgemeinen Erwägungen, wie Privat- oder Gemeinwirtschaft, liberales oder merkantiles Wirtschaftssystem geleitet wird. Unter diesen Vorbehalten sei hier eine Erwägung über die Wirtschaftlichkeit der bulgarischen Arbeitsdienstpflicht versucht.

Man muß dabei auseinanderhalten: Einerseits ist die trud. Pow. als Wirtschaftsunternehmen des Staates zu betrachten. Sie unterliegt dabei denselben Rentabilitätsmaßstäben wie jedes andere private Unternehmen nach Selbstkosten und Ertrag. Andererseits ist sie aber ein Unternehmen, dessen wichtigster Produktionsfaktor, nämlich die menschliche Arbeit, nicht auf dem freien Markt erworben, sondern durch gesetzlichen Zwang eingestellt wird, in hohem Grade mit der Gesamtwirtschaft des Landes verknüpft. Mit anderen Worten: Rentabilität der Eigenwirtschaft bedeutet

---

[1]) S. 78: „ein solches Vorgehen (nämlich Umrechnung der tatsächlichen Leistung) wäre nicht praktisch, denn, selbst wenn man annimmt, daß die gelieferten Angaben richtig sind, muß man doch erkennen, daß sie allzu verworren (disparates) und zu wenig ausführlich sind, um einer halbwegs genauen Betrachtung zu genügen." (Lazard).

nicht ohne weiteres Rentabilität im Rahmen der gesamten Volkswirtschaft.

1. Die trud. pow. als staatliches Unternehmen

Was die Unkosten betrifft, so ergibt sich ihre absolute Größe aus den Jahresabschlüssen, die im Anhang dieses Berichtes abgedruckt sind.

Da die Trudowaken keine Löhnung erhalten, fällt ein bedeutender Unkostenbetrag zunächst aus. Es bleiben also im großen und ganzen Bekleidung und Verpflegung als Hauptunterhaltskosten der einzelnen Arbeitskraft, die durch besondere Maßnahmen herabgesetzt werden: Die Verpflegung wird meist aus eigenen Gärten gedeckt. Die Bekleidung erfolgt ausschließlich durch die Eigenwerkstätten unter Ausschaltung der freien Ausschreibung, wobei hier die verbilligte Arbeitskraft die Selbstkosten erheblich herabdrückt. Die Unterbringung geschieht in den meisten Fällen ohne besonderen Materialaufwand.

Eine unserer Studiengruppen stellte unter Zuhilfenahme der örtlichen Aufzeichnungen folgende Unkostenberechnung für eine Gruppe von 180 Mann für die Zeit eines Monats (Juli) auf:

Gesamtausgaben: 130132 Lewa.
Diese zerfallen in

a) Beamtengehälter:	Natschalnik	3000 Lewa	
	,, jadro	2700 ,,	
	Uprawnik	2000 ,,	
	Urednik	1700 ,,	
	Feldscher	2000 ,,	
	Zusammen:	11400 Lewa	11400 Lewa
b) Unterhaltung der Pferde			3000 ,,
c) Bekleidung			40732 ,,

Man rechnet durchschnittlich 800—1000 L. pro Mann pro 6 Monate, also bei 900 L., 5 L. Kleidungsaufwand pro Tag und Mann.

Die Uniform kostet:	Mantel	= 790 Lewa
	Rock	= 390 ,,
	Hose	= 220 ,,
	Schuhe	= 400 ,,
	Decke	= 400 ,,
	Das übrige	= 385 ,,
	Zusammen:	= 2585 Lewa.

Mantel, Rock, Decke werden mehrere Jahre getragen, die anderen Stücke sind regelmäßig nach einer Arbeitsperiode erschöpft. Bei einem Durchschnittsatz von 5 L. würde der Monatsbekleidungssatz bei einer Besatzung von 180 Mann zwar nur 27000 L. betragen, doch wird der hier angegebene Satz von 40000 durch die Neueinstellung von 50 Lehrern in diesem Monat gerechtfertigt.

d) Ernährung .... 75000 „

Man rechnet mit einem täglichen Durchschnittssatz von 17,58 L. für den Mann[1]). Für die hier in Frage kommende Belegschaft würde sich dann ein Satz von etwa 97000 L. ergeben. Der hier eingesetzte geringere Betrag erklärt sich daraus, daß ein Teil der Mannschaften Urlaub hatte und bei dem Sonntagsurlaub einer großen Anzahl von Trudowaken die Ernährung geringere Kosten verursacht als an Werktagen.

Insgesamt: 130132 Lewa

Es würde sich also nach dieser örtlich bedingten Aufstellung folgende tägliche Kostentabelle für den Mann ergeben:

Verpflegung	17,58 Lewa
Bekleidung	5,00 „
Organisation (Beamten, Transport usw.)	2,5 „
	25,05 Lewa

Die offizielle Aufrechnung für das Jahr 1927/28 ergibt bei den einzelnen Büros an täglichen Kosten eine weit höhere Durchschnittszahl, nämlich:

Miete u. Heizung	Ernährung	Viehfutter	Transportkosten	Materialabnutzung	Verschiedenes	Ges. Aufwand	Tageseinnahmen aus 8 stdl. Arb. Zt.	Reineinnahmen durch einen Trudowaken
10,55	19,03	3,05	0,27	7,78	0,12	40,3	88,64	49,04

Danach wäre der tägliche Unkostensatz 40,3 Lewa. Doch sind hier die Gesamtkosten nicht eingerechnet, weil die Ausgaben der Zentralleitung nicht den einzelnen Büros auferlegt werden. Ferner fehlen unter Unkosten die Ausgaben für Gehälter, Werkzeuge. Unsere Nachforschung über die durchschnittlichen Unkosten, wie sie sich bei Anrechnung der Gesamtunkosten auf den Einzelnen darstellen, ergab nach Auskunft verschiedener Stellen überein-

[1]) Eine genaue Tabelle der Speisenverteilung für den Monat mußte aus Raumgründen fortbleiben.

stimmend die Summe von 55 Lewa[1]). Diese Zahl scheint richtig zu sein und ist eher zu hoch, als zu niedrig gegriffen.

Die Errechnung der Einnahmeseite ergibt sich aus der einfachen Multiplikation Arbeitsleistung mal Entlohnung. Diese Zahl ist, wie wir oben gesehen haben, oft nur eine bloße Verrechnungsgröße unter den einzelnen Ressorts, doch bietet sie die einzige Möglichkeit, einen Vergleichswert für den Arbeitsertrag zu gewinnen. Die Arbeitsentlohnung sieht im Vergleich mit dem Arbeitslohn des qualifizierten Arbeiters so aus:

Art der Arbeit	Maß	Entgelt für den Trudowaken	Bezahlung des Lohnarbeiters Lewa
I. Kategorie der Erdarbeiten	m^3	21.—	28.—
II. Kategorie der Erdarbeit	m^3	31.—	37.—
Trockenmauer	m^3	138.—	160—190
ausgemauerte Wand	m^3	168.—	260[2])

Diese Aufstellung beweist zunächst die Selbstverständlichkeit, daß der Staat mit Trudowaken billiger arbeitet als mit Lohnarbeitern. Nimmt man die tägliche Arbeitsleistung des Trudowaken hinzu (s. umstehende Tab.) und zieht den oben gefundenen Unkostensatz ab, so bleibt eine Differenz, die man als „Reinertrag" der Trudowakenarbeit bezeichnen kann. Dieser errechnete Gewinn erfährt nun durch eine Reihe von ungünstigen Umständen (wie sich aus der Eigenart des Betriebes ergeben) eine gewisse Verminderung. Solche Faktoren sind:

1. Beim häufigen Wechsel der Arbeitsplätze verliert jede Gruppe zunächst erhebliche Zeit durch Aufbau und Einrichtung des neuen Lagers.
2. Die theoretische Unterweisung fällt zum Teil in die eigentliche Arbeitszeit.
3. Die Arbeitshöchstleistung wird erst in allmählicher Steigerung erreicht.
4. Im Falle der Erkrankung, sowie für die Zeit des Wochenendes fällt der Trudowak der trud. pow. in den meisten Fällen mit Ernährung und Unterbringung zur Last.
5. Die Feiertage werden eingehalten.

---

[1]) Bei einer der besuchten Gruppen betrug der Unkostensatz mit Einschluß der gesamten örtlichen Organisation und des Materialaufwandes 46,72. Die Differenz zu der oben angegebenen Zahl von 55 L. dürfte groß genug sein um die zentralen Verwaltungskosten (vgl. Budget im Anhang) zu decken.

[2]) Die Zahlen sind dem Staatsanzeiger entnommen.

6. An Regentagen kann nicht gearbeitet werden, Verpflegung muß weiter gewährt werden.

7. Bei häufigem Standortwechsel geht Transport und Verlust der Arbeitszeit zu Lasten der trud. Pow.

Eine erhebliche Verminderung der Rentabilität bedeutet der Ausfall der Winterarbeit, in welcher Zeit die Löhne des Beamtenstabes weitergezahlt werden, das Vieh erhalten werden muß usw.

Der Beweis einer rein staatswirtschaftlichen Rentabilität der trud. Pow. ist aus einer einfachen Formel zu gewinnen. Tausende von jungen Männern leisten eine der Leistung von Lohnarbeitern zumindest entsprechende Arbeit ohne mehr an Gegenleistungen zu empfangen, als zu einem gewissen Mindestmaß von Unterhalt und Bekleidung nötig ist, während der Lohnarbeiter über dieses Minimum hinaus entlohnt werden muß. Aus dieser Erwägung und mit Berücksichtigung der oben berechneten Unkosten und Leistungswerte erscheint die Gewinn- und Verlustrechnung der Direktion zuverlässig. Diese ergab von der Gründung bis zum 31. März 1930 folgende Gewinn- und Verlustrechnung:

Nr.	Finanzjahr	Brutto-verlust	Brutto-gewinn	Reiner Verlust	Reingewinn
1	1920/1921	7492315	16465	7475850	—
2	1921/1922	53268855	24559571	28709284	—
3	1922/1923	177778237	115815109	61963128	—
4	1923/1924	174808356	150025038	24783318	—
5	1924/1925	147383287	156552531	—	9168244
6	1925/1926	183128429	195521660	—	12393171
7	1926/1927	146954459	162700778	—	15746319
8	1927/1928	155274664	233906241	—	78631577
9	1928/1929	165055435	311287020	—	146231585
10	1929/1930	188061303	370338271	—	182276968
	Zusammen	1399209340	1720722624	123170463	444686757
		321516274	—	321516284	—
		1750722624	1720722624	444686747	444686747

Der Verlust der ersten Jahre ergibt sich aus den großen beim Anfang nötigen Investierungen wie bei jedem anderen Unternehmen. Dazu tritt gewinnfördernd die zunehmende Rationalisierung in den auf den Umsturz folgenden Jahren. Wachsende Erfahrung und Schulung des Beamtenstabes haben ein Weiteres dazu beigetragen, um die Wirtschaftlichkeit zu erhöhen. Die Verwendung von Maschinen, motorisiertem Transport und besserem Werkzeug könnte die Rentabilität weiter steigern.

2. Abschließend ist die Frage zu beantworten ob durch die trud. Pow. die bulgarische Volkswirtschaft als Ganzes gefördert wird, ob also durch die Leistung unbezahlter Arbeit ganzer Alters-

schichten des Volkes, die für bestimmte Zeit aus ihrer „normalen" wirtschaftlichen Tätigkeit und ökonomischen Verflechtung herausgenommen werden, Gegenwerte geschaffen werden, die dem großen Einsatz entsprechend, den wirtschaftlichen Wohlstand der Allgemeinheit wesentlich fördern. Dabei ist von einer Wertbeziehung zur gegenwärtig bestehenden Wirtschafts- und Gesellschaftsordnung in Bulgarien auszugehen; eine darüber hinausgehende Fragestellung könnte nur auf dem Boden einer allgemeinen Theorie der Arbeitsdienstpflicht behandelt werden.

Die Antwort auf die Frage hängt von zwei Faktoren und ihrem Verhältnis zueinander ab: Der eine Faktor ist die sozialökonomische Struktur des Landes, der andere die Wirtschaftlichkeit der Institution der trud. pow. Wir haben im vorigen Abschnitt gesehen, daß der Nachweis der Rentabilität unschwer zu führen ist, eben weil der quantitativ größte Produktionsfaktor der ganzen Einrichtung, die menschliche Arbeitskraft, so gut wie nichts kostet. Daß diese Bilanz zu einem Urteil über den volkswirtschaftlichen Wert nicht genügt, ergibt sich schon aus der Überlegung, daß die Arbeitsdienstpflicht als ein Staatsunternehmen mit der finanzwirtschaftlichen und unternehmerischen Tätigkeit der Staatsverwaltung eng verbunden ist und deshalb nicht denselben Rentabilitätsvoraussetzungen unterliegt wie ein privater Betrieb. Die Rentabilität eines staatlichen Betriebes kann durch entsprechende Auftragserteilung der öffentlichen Hand unter Ausschaltung der gleichgerichteten übrigen Produktion hergestellt werden, während derselbe Vorgang allgemeinwirtschaftliche Schädigungen (wie Arbeitslossetzung, Ausfall von Steuererträgen) verursachen kann. Man muß also die erwiesene Wirtschaftlichkeit der trud. pow. als solcher im Zusammenhang mit der bulgarischen Volkswirtschaft betrachten, die wir eingangs als eine in der Hauptsache agrarische Wirtschaft kleinbäuerlichen Gepräges mit geringen industriellen Ansätzen und einer nicht sehr zahlreichen städtischen Bevölkerung kennen lernten. Ein besonders störender Faktor in diesem Wirtschaftsaufbau ist die Rückständigkeit des Verkehrsnetzes, das in seiner Dichte und Beschaffenheit in keinem richtigen Verhältnis zu der marktmäßigen Verflechtung mit Wirtschaftsgebieten entwickelterer Verkehrstechnik steht. Bulgarien ist aber gerade wegen seiner einseitig agrarischen Wirtschaftsstruktur, auf den Austauschverkehr und damit auf eine möglichst intensive Erfassung seiner in viele Einzelwirtschaften zersplitterten landwirtschaftlichen Produktion angewiesen. Zur Überwindung dieses offenbaren Notstandes reicht die schwache Kapitalbildung der agrarischen Produktionsquellen nicht aus und der Weg der Auslandsverschuldung wird von der bulgarischen Politik aus guten Gründen streng gemieden. Diese Spannung zwischen einem zwingenden Erfordernis der gesamten Volkswirtschaft einerseits und den mangelnden Geldmitteln andererseits soll durch die außergewöhnliche Notstandsmaßnahme Arbeitsdienstpflicht herabgemindert werden. Die Arbeiten, die sie zu verrichten hat, sind demnach echte Notstandsarbeiten, Unternehmungen, die auf andere Weise gar nicht oder nur mit noch größeren, in ihrer Folgewirkung unübersehbaren Schwierigkeiten bewältigt werden könnten. Die Menschen sind also wegen der zu überwältigenden Arbeitsleistung da, nicht umgekehrt, wie es bei einer nicht ausschließlich ökonomisch begründeten Arbeitsdienstpflicht der Fall sein müßte.

Die kleinbäuerliche Verfassung der gesamten Wirtschaft und Gesellschaft gestattet die einfache Übertragung des Selbsthilfeaktes einer Dorfgemeinde, die zur Herstellung eines Verbindungsweges zum nächsten Dorf ihre Mitglieder zum gemeinsamen Arbeitseinsatz verpflichtet, auf das ganze Land, ohne daß durch diese Einschaltung einer breiten Schicht unbezahlter Arbeitsleistung sich erhebliche Widersprüche zum Gesamtaufbau der Volkswirtschaft ergeben. Die folgerichtige Entwicklung des Gedankens der trud. pow. aus bereits bestehenden Ansätzen einer Wegebaupflicht der Einzelgemeinde beweist, daß diese Übertragung nicht eine rein spekulative gewesen ist.

Im Rahmen dieses besonderen gesellschaftlichen Aufbaues vermeidet die Arbeitsdienstpflicht eine Reihe volkswirtschaftlicher Gefahrenpunkte, auf die bei einer wissenschaftlichen Diskussion der Arbeitsdienstpflicht überhaupt hinzuweisen ist[1]). So wird insbesondere der Dienstpflichtige in der trud. pow. in der überwiegenden Zahl der Fälle nicht von einer volkswirtschaftlich intensiven zu einer weniger intensiven oder gar extensiven Beschäftigung übergeführt. Bedeutet doch der Beschäftigungswechsel durch die Einziehung zur Dienstpflicht bei den Kleinbauern und nicht qualifizierten Arbeitern nicht den Übergang zu einer Tätigkeit, die sich ihrer Art und ihrem Ergebnis nach allzu sehr von der sonstigen Beschäftigung unterscheidet. Es kommt noch dazu, daß die jungen Bauern zumeist Großfamilien entstammen, bei denen der landwirtschaftliche Betrieb durch den Weggang einer Arbeitskraft besondere Erschwerungen nicht erleidet. Für den Fall einer solchen Beeinträchtigung hat das Gesetz auch Ausnahmebestimmungen getroffen. Man wird also sagen können, daß in dem besonderen Falle der bulgarischen Dienstpflicht die Herausziehung der Einzelarbeitskraft aus dem Gesamtarbeitsprozeß der Volkswirtschaft keinen Schaden bedeutet im Vergleich zu dem volkswirtschaftlichen Nutzen, der dadurch erreicht wird, daß Notstandsarbeiten verrichtet werden, die sonst gar nicht oder nur

---

[1]) Vergl. auch die Arbeiten von Zeiler und Henning in den „Berichten über Landwirtschaft". Hrgb. Preuß. Min. f. Landw. Bd. VI 1927, S. 444ff.

durch eine außerordentliche Steuerbelastung der Gesamtwirtschaft verrichtet werden könnten.

Bei dieser Überlegung fällt weiter ins Gewicht, daß sich diejenigen Kräfte, die durch Ableistung ihrer Arbeitsdienstleistung eine volkswirtschaftliche „Disqualifizierung" erfahren würden (Ärzte, Chemiker, höhere Angestellte) in der Regel loskaufen.

Die agrarische Grundlage erspart der trud. pow. weiterhin ein Zusammentreffen mit Problemen der industriellen Krise und ihren besonderen Folgen, vor allem der Arbeitslosigkeit. Für die Arbeiten, die von der trud. pow. verrichtet werden, gibt es in Bulgarien keine Unternehmen und keine Spezialarbeiter in nennenswertem Umfang. Die großen Erdarbeiten, wie Straßenbau und Dammbau, Drainage und Bewässerung, wurden sonst von der Bevölkerung außerhalb ihrer gewöhnlichen Beschäftigung verrichtet. Die trud. Pow. arbeitet außerdem oftmals in sehr dünn bevölkerten Gebieten, besonders bei der Durchführung der großen Straßenbauprojekte (Übergangsstraßen im Balkan, in den Rhodopen). Gerade diese Baustrecken könnten mit den bisherigen Mitteln, ohne die Wendigkeit und Anpassungsfähigkeit der Trudowakenkolonne, gar nicht in Angriff genommen werden. Daß aber an eine Ausführung dieser Projekte auf dem Wege der freien Ausschreibung und der damit notwendigen Kapitalsaufwendungen gar nicht zu denken ist, haben die Überlegungen in der ersten Nachkriegszeit klar erwiesen. Die Lage der öffentlichen Finanzen hat sich im Laufe der Zeit nicht wesentlich verändert, so daß die ersten Schwierigkeiten unvermindert weiterbestehen. Ein eindrucksvolles Beispiel der Undurchführbarkeit öffentlicher Bauvorhaben mit den Mitteln des Haushaltes ist der Bau des Dammes von Karaboas, der im Jahre 1906 angefangen und bis 1928 nur auf 8 km gebracht werden konnte, während die trud. pow. in zwei Arbeitsperioden 24 km Damm und 18 km Entwässerungskanäle fertigstellte. Für das Gebiet der Erdarbeiten wird man also sagen können, daß die trud. pow. im allgemeinen keine Arbeit leistet, die auch mit anderen bezahlten Arbeitskräften hätte hergestellt werden können. Was nun die Eigenbetriebe der trud. pow. angeht, so ist zu berücksichtigen, daß deren Produktion in erster Linie dem Eigenbedarf dient, der, für sich genommen, immer noch in einem geringen Verhältnis zur gleichartigen Gesamtproduktion steht. Der Betrieb Titscha schafft sogar durch reichlichen Fuhrendienst zusätzliche Arbeit für die umliegende Bevölkerung. Wenn man außerdem bedenkt, daß es in Bulgarien eine fühlbare, strukturelle Arbeitslosigkeit nicht gibt, daß auch die Landwirtschaft vermöge ihrer kleinbäuerlichen Grundlage immer noch imstande ist, freigesetzte Arbeitskräfte aus anderen, sogar aus den intellektuellen Berufen, aufzusaugen, so läßt sich behaupten, daß die trud. pow. keine oder nur sehr geringe Berührungsflächen mit ökonomischen

Krisen hat, und daß diese Situation so lange anhalten wird, als Bulgarien keine breiteren Voraussetzungen für eine zeitweilige oder konjunkturelle Arbeitslosigkeit hat. Dadurch und infolge der Tatsache, daß die weitgehende sozialökonomische Homogenität des bulgarischen Volkskörpers den Arbeitserfolg der trud. pow. weitgehend als gemeinnützig erscheinen läßt — insofern eine ideale Gemeinnützigkeit nur bei völliger sozialer Gleichheit möglich ist —, wird die Arbeitsdienstpflicht in Bulgarien einer tiefgreifenden gesellschaftlichen Problematik entrückt, der sie in kapitalistisch entwickelteren Ländern mit entsprechend entwickelten Krisenbedingungen unterworfen ist.

Zu diesen besonderen sozialökonomischen Bedingungen der Arbeitsdienstpflicht in Bulgarien tritt noch die besondere historische Situation, in der sie geplant worden ist. Sie ist entstanden während der Revolutionierung des östlich-südöstlichen agrarischen Vorfeldes des industrialisierten Europas, die für die Unterlegenen den Umsturz, für die Sieger die Reform gebracht hat. Der Krieg führte diese Staaten in eine besonders nachdrückliche, die ganzen Massen des Volkes erfassende Auseinandersetzung mit Technik und Geist des westlichen Europas und machte sie reif für den Versuch, den Anschluß an die industrialisierte Welt des Westens zu gewinnen[1]). Die durch die Revolution hervorgebrachte gesellschaftliche Auflockerung schafft die Bereitschaft und Voraussetzungslosigkeit für umfassende Experimente. Während in den westlichen Ländern immer größere Teile der Bevölkerung in ihr industrielles Lebenstempo in fortschreitender Entwicklung verhältnismäßig langsam hineingesteigert wurden, vollzieht sich dieser Prozeß auf der ursprünglich agrarischen Basis der Ostländer mit großer Plötzlichkeit. Die größte Schwierigkeit für den industriellen Aufbau ist hier nicht die Bereitstellung der Werkstätten, sondern die Erziehung zum rationellen Arbeitstempo, die mit einer völligen Umwandlung des Zeitbegriffs verbunden ist[2]). Die Parallele zwischen dem industriellen Aufbau der Sowjetunion und der Einführung der Arbeitsdienstpflicht in Bulgarien ist nur in diesem allgemeinsten Sinne zu verstehen; sie ist wichtig, um die besondere Aufgabe der trud. pow. in der Zeit ihrer Entstehung zu erkennen: *Sie ist der staatssozialistische Versuch einer Armee der Arbeit zur planvollen Intensivierung der Wirtschaft* des Landes, ihre *Erziehungsfunktion ist in erster Linie eine physisch-arbeitstechnische*. Und so münden

[1]) In einigen Reden erinnert Lenin die Russen an die technischen Fortschritte, die sie in Deutschland als Kriegsgefangene mit eigenen Augen gesehen haben, und setzt dieses Erlebnis als Antrieb zur Technisierung, besonders Elektrifizierung des Landes, bewußt ein.

[2]) „Sofort" heißt im russischen „sseitschas" (in dieser Stunde!), und der Bulgare gebraucht einen ähnlich dehnbaren Begriff.

auch alle Ansätze einer theoretischen allgemeinen Grundlegung der trud. pow. in Bulgarien in Betrachtungen über den Taylorismus, über amerikanisch-bolschewistische Vorbilder einer wissenschaftlichen Arbeitsorganisation.

So wird, wenn auch auf einer schmalen Basis der gesamten Volkswirtschaft — die kleinbäuerliche Verfassung gestattet keine Anwendung in der eigentlichen agrarischen Produktionsgrundlage des Landes — der Anschluß an die neuartig organisierte Arbeitswelt des westlichen Europas angestrebt.

Deutsche Arbeitsdienstpflicht?

In Deutschland ist das Problem der Arbeitsdienstpflicht mit der Aufnahme des Gedankens in eine Notverordnung der Reichsregierung und nach einer Reihe wenn auch kleiner Versuche eine nicht mehr nur theoretische Angelegenheit. Doch ist mit diesen Ansätzen die Unsicherheit und Ratlosigkeit vor dem ganzen Problem nicht geringer geworden. Der verwaltungstechnischen Unzulänglichkeit der den „freiwilligen Arbeitsdienst" betreffenden Notverordnung entspricht das Fehlen einer gedanklichen Grundlegung des Unternehmens und der offiziell zugegebene Mangel geeigneter Arbeitsobjekte. Dabei besteht eine innere Abhängigkeit dieser drei Dinge.

Es geht eben nicht an, daß der Arbeitsdienstgedanke mehr oder minder idealistisch gefaßt als Allheilmittel irgend einer kranken Stelle des wirtschaftlichen und sozialen Organismus eingesetzt wird. Dem widerspricht schon rein gedanklich die Grundkonzeption einer Dienstpflicht, die nur aus einer umfassenden konstruktiven Idee heraus gedeihen kann, dem widerspricht aber auch materiell der Aufbau der Wirtschaft, die nicht ohne weiteres und an beliebiger Stelle den Zustrom massenhafter, unbezahlter Arbeitskraft vertragen kann, ohne daß das Wirtschaftssystem als solches revolutioniert wird.

Die fortschreitende Destruktion des deutschen Volkskörpers durch die Erwerbslosigkeit der Jungmannschaftsschicht, die Aussichtslosigkeit ihrer Behebung durch eine noch so vollkommene Wiederingangsetzung des ganzen Wirtschaftsapparates wird über kurz oder lang zu Maßnahmen totaler Art zwingen. Dann wird aber das Projekt einer einfachen Kasernierung unbezahlter Arbeitskräfte und ein sich irgendwie ergebender willkürlicher Einsatz derselben nicht genügen. Das bulgarische Experiment lehrt, daß eine allgemeine Arbeitsdienstpflicht nur denkbar ist:

> auf der Grundlage einer weitgehenden sozialen Gleichheit des Volkes,
> als Mittel zur Bewältigung von Aufgaben, die rein ökonomisch unentbehrlich sind, die mit Mitteln

der freien Wirtschaft nicht bewältigt werden können und deren Erfüllung von der Allgemeinheit als gemeinnützig anerkannt werden kann, auf der Grundlage einer Idee, die sich aus der ökonomischen und geistigen Lage des Volkes folgerichtig ergibt.

Diese Voraussetzungen wären aber in Deutschland bei der Kompliziertheit des Wirtschaftslebens und der Berufsgliederung nur äußerst schwer und nicht ohne völlige Umwälzung der Wirtschaftsstruktur und des Wirtschaftsdenkens sinnvoll zu erfüllen.

Anhang

§	Bezeichnung der Behörde und Ausgaben
	Hauptdirektion der Arbeitsdienstpflicht
	Kapitel I.
1	Gehalt des Personalbestandes beim Zentralamt der Hauptdirektion der Arbeitsdienstpflicht, den Fabriken, Werkstätten, Wirtschaften und Bezirksbüros der Arbeitsdienstpflicht und für Gehaltserhöhung und Differenzzahlung an Beamte höheren als vorgesehenen Grades.
	Gehälter . . . 35 889 700
	Tagelöhne . . . 510 000
	Unvorhergesehene Reise- und Tagegelder . 699 000
	Außerordentliche Tagegelder . . . 450 000
	Zusatzlohn . . . 5 366 240
	Prozentlohn . . . 258 400
	43 173 340
	Dauernde Ausgaben.
2	Kanzleimaterial: Tinte, Papier, Druck von Formularen, Gesetzen, Verordnungen, Urkundenbücher etc. Abonnement von Zeitungen und Publikationen, Porto, Telegramme, Telefongebühren, Kanzleiausgaben aller Art und Unterstützung der Zeitschrift für die Arbeitsdienstpflicht „Trudowo delo" . . .
3	Miete, Heizung, Beleuchtung, Gebühr für Wasser, Müllabfuhr und Kanalisation, Anstrich und kleine Ausbesserungen der staatlichen und gemieteten Wohn-, Kanzlei-, Fabrikräume, Werkstätten, Magazine, Bäder, Krankenhäuser u. a. . . .
4	Reise- und Tagegelder für Abkommandierungen und Versetzungen von Staatsbeamten und Reisegelder für Trudowaken bei Abkommandierungen und Entlassungen . . .
5	Unterstützungen für ärztliche Behandlungen von Staatsbeamten, die bei Erfüllung ihrer Dienstpflicht erkrankt sind; Entschädigung für Ausführung geistlicher Handlungen von Geistlichen aller Bekenntnisse; für Ausgaben und Unterstützungen für die Beerdigung verstorbener Trudowaken und armer Staatsbeamter . . .
6	Nahrungsmittel und Verpflegungsgelder für Trudowaken, Tagelöhner und Beamte der Arbeitsdienstpflicht; Ausgaben für Herstellung von Speisen und Brot; Pachtland für Gemüsegärten und Gesamtversorgung mit Gemüse- und Korn-Speisen. Ausgaben für Bestellung der Gärten. Pacht von Bäckereien, Mühlen, Küchen u. a. und kleine Ausbesserungen derselben. Küchen- und Zimmereinrichtung: Kessel, Eimer, Eßgeschirr, Pfannen und Instandhaltung derselben
7	Nahrungsmittel in großen Mengen, Kleinvieh und Haustiere, Gesamtversorgung mit Saatgut und Pacht von Land zum Gewinn von Futtermitteln . . .
	Anm.: Die Höchstmengen für Nahrungsmittel für Menschen und Vieh nach §§ 6 und 7 werden bestimmt durch Verfügung des Ministerrates nach Bericht des Ministers der Finanzen.

Haushaltsplanes.

Tatsächliche Ausgaben nach dem Haushaltsplan für die Finanzjahre 1924/1925	1925/1926	1926/1927	Bewilligte Ausgaben nach dem Haushaltsplan f. d. Finanzjahr 1927/1928	Angeforderte Kredite nach Haushaltsplan f. d. Finanzjahr 1928/1929
31 099 104	35 650 152	31 689 540	40 958 800	43 173 340
550 415	594 945	203 912	300 000	320 000
1 794 027	1 471 868	1591 000	1 600 000	1 500 000
1 427 889	1 276 533	1 304 722	1 300 000	1 300 000
29 146	37 168	22 518	40 000	40 000
65 385 646	71 751 290	64 471 368	71 000 000	62 000 000
13 177 507	12 873 261	11 849 840	12 000 000	11 000 000

§	Bezeichnung der Behörde und Ausgaben
8	Entschädigung der Mitglieder des höchsten Rates der Arbeitsdienstpflicht, der Räte bei den Bezirksbüros; für das Halten von Vorlesungen in den Schulen der Arbeitsdienstpflicht und für Kurse von pflichtigen Leuten aus anderen Verwaltungen; Entschädigung für private, kommunale oder im Dienst einer anderen Verwaltung stehende Ärzte, Tierärzte oder Feldschere, die für Angehörige der Arbeitsdienstpflicht in verschiedenem Auftrage hinzugezogen sind: zur Befreiung von Trudowaken, zur Beschauung von lebendem Vieh, wie auch zur Pflege und Heilung von kranken Trudowaken und von krankem Vieh; für Mitglieder von Kommissionen zur Ausarbeitung von Gesetzentwürfen, Verordnungen, Berichten etc.; für den Anteil an Kommissionen zur Begutachtung von Ansprüchen an Unternehmungen, Fälle höherer Gewalt, für Untersuchungen etc.; für verschiedene andere Ausgaben derselben Art (nach Bestimmung des Ministerrates) ....
9	Verfrachtung von Lasten und Ausgaben für ihre Verpackung. Transport der Möbel von versetzten und entlassenen Staatsbeamten...
	Anm.: Die Waldwirtschaft der Arbeitsdienstpflicht „Titscha" verfrachtet auf der B. St. B. und auf Seetransportmitteln der Hafenämter in Burgas und Warna, Holzmaterialien, Erzeugung der Wirtschaft an ihre Magazine in den größeren Städten auf Kredit, so daß der Preis der Transporte erst nach Verkauf der Waren und frühestens am Ende der Haushaltsperiode aus der Gesamtsumme des von den Kunden beim Verkauf eingekommenen Geldes bezahlt wird.
10	Unterhaltung, Ausbesserung, Reinigung und Anstrich der Transportmittel, Maschinen, Apparate, Instrumente und Inventargegenstände. Unterhaltung und Ausbesserung der Bekleidung, der Schuhe und Einrichtungsgegenstände und Versorgung mit Material dazu....
11	Hygienische Maßnahmen und ärztliche Behandlung von Trudowaken und Groß- und Kleinvieh; Kauf von Medikamenten, Desinfektionsmitteln, Verbandmaterial, Serum; Kauf und Unterhaltung von ärztlichen und tierärztlichen chirurgischen Instrumenten, Apothekenzubehör. Apparate und Material zur Pflege von kranken Trudowaken und krankem Vieh. Baden der Trudowaken, Waschen, Reinigen, Weißen, Wäsche u. a. Reinigung und Desinfektion der Abtritte. Versorgung der Trudowaken mit Seife. Beschlagen der Pferde und des anderen Viehs ....
	Gesamtbetrag der dauernden Ausgaben....
	Gesamtbetrag von Kapitel I ....
	Kapitel II.
	Vorübergehende Ausgaben.
12	Inventargegenstände: Versorgung der Büros, Schreibtische, Schreibmaschinen, Schränke, Kassetten, Regale, Stühle, Lampen, Öfen. Telefon, verschiedene Hilfsmittel f. d. Unterricht, Betten, Pritschen; Versorgung mit Heizmaterial, Installation von elektrischen, Wasser- und Telefonleitungen. Zur Anschaffung von anderen Kanzlei-

Tatsächliche Ausgaben nach dem Haushaltsplan für die Finanzjahre			Bewilligte Ausgaben nach dem Haushaltsplan f. d. Finanzjahr 1927/1928	Angeforderte Kredite nach Haushaltsplan f. d. Finanzjahr 1928/1929
1924/1925	1925/1926	1926/1927		
72 335	68 605	64 920	80 000	800 00
12 053 416	13 861 525	9 995 922	10 000 000	8 500 000
3 007 763	2 663 539	2 577 564	2 650 000	3 000 000
1 331 848	1 008 306	652 929	700 000	300 000
—	—	—	—	88 040 000
128 929 096	141 113 192	125 629 540	140 628 800	131 213 340

§	Bezeichnung der Behörde und Ausgaben
	gegenständen und überhaupt von Inventargegenständen, einschließlich Apparaten und Richtlinien zur Belehrung. Anschaffung von Büchern für die Bibliotheken, Abonnements auf Zeitschriften und von Einbänden dazu, Ankauf und Druck von verschiedenen Schriften ....
13	Anschaffung von Maschinen, Apparaten, Instrumenten und Werkzeugen für verschiedene Arbeiten, Anschaffung von Transportmitteln: Wagen, Lastautos, Draisinen, Lokomotiven, Waggons, Schmalspurlinien, Schmalspurwaggons u. a. ....
14	Anschaffung von Bekleidung und Schuhen für die Trudowaken (fertig oder das Material einschließlich der Arbeitskosten). Uniformen für Staatsbeamten (gemäß den Vorschriften des Ministeriums für öffentliche Bauten, Wege und Wohlfahrtseinrichtungen), Anschaffung von Krankenkleidung ....
15	Anschaffung von Einrichtungsgegenständen für die Trudowaken oder Material dazu und Kosten ihrer Herstellung: Decken, Bettücher, Strohsäcke, Sackleinwand, Umhängetaschen, Tornister, Koppel, Signaltrompeten und anderes derartiges. Einrichtungsgegenstände für das Vieh: Kopfriemen, Leitzügel, Stricke, Riemen, Ketten; Anschaffung von Sätteln, Zügeln, Saumsätteln, Zuggeschirr, Packseile für Lasten und anderes derartiges ....
16	Anschaffung von Reittieren, Zug- und Tragpferden, Maultieren, Ochsen u. a. ....
17	Rohmaterialien zur Bearbeitung in den Werkstätten, Fabriken und Wirtschaften ....
18	Verbrauchsmaterialien für die Werkstätten, Fabriken und Wirtschaften: Holz, Kohle, Öle, Gas u. a. ....
19	Unbewegliche Güter: für die Enteignung unbeweglicher Habe zum Bau neuer Wohnhäuser, Ställe u. a. Zum Bau von Brücken und sonstiger Ausrüstung für Schmalspurlinien, für große Ausbesserungen von Gebäuden, Brücken und sonstiger Ausrüstung von Schmalspurlinien, für die Ausführung von Heizanlagen, Wasserleitungen, elektrische Leitungen, Kanalisationsarbeiten; für Öfen und anderes derartiges ....
20	Forstgebühren für ausgehauenes Holzmaterial aus staatlichen Forsten, einschließlich der Zahlungen an den Fonds für Kulturmaßnahmen, für Personalergänzungen und für die Gemeinden, die keine eigenen Forsten haben, gemäß dem Forstgesetz und dem Haushaltsplan der Fonds ....
	Anmerkung: Der Waldwirtschaft Titscha der Arbeitsdienstpflicht wird gestattet, nach Erschöpfung des Haushaltskredites, sich mit der Niederschlagung im Kredit und des Aufschubes der Zahlung der Forstgebühren an das Ministerium der Landwirtschaft und Staatsdomänen für die ausgehauene Menge zu bedienen.
21	Für die Unterhaltung der Kraftwagen der Ministerien: des Äußeren, der Justiz, der Landwirtschaft, der Wohlfahrtseinrichtungen, des Handels und der Aufklärung; der Nationalversammlung, der Reparationskommission und eines Omnibusses der Universität:

Tatsächliche Ausgaben nach dem Haushaltsplan für die Finanzjahre 1924/1925	1925/1926	1926/1927	Bewilligte Ausgaben nach dem Haushaltsplan f. d. Finanzjahr 1927/1928	Angeforderte Kredite nach Haushaltsplan f. d. Finanzjahr 1928/1929
580 309	458 507	456 500	500 000	400 000
5 438 672	2 916 147	1 480 978	1 500 000	857 000
17 869 781	15 283 845	13 978 460	15 000 000	14 000 000
6 442 556	2 429 641	1 433 249	1 000 000	2 500 000
609 240	93 200	756 000	1 000 000	800 000
6 009 889	1 645 352	1 500 000	1 500 000	1 200 000
2 867 084	1 644 025	1 564 519	1 850 000	1 600 000
1 477 518	2 062 724	984 785	1 000 000	800 000
—	5 956 063	6 000 000	11 000 000	6 000 000

§	Bezeichnung der Behörde und Ausgaben	
	a) Ankauf von Motoröl, Karbid, Fahrerbrillen, Uniformen, Schuhe und Mützen für Staatsbeamte gemäß der Verordnung über Bekleidung der Staatsbeamten der Arbeitsdienstpflicht; von Handschuhen für die Fahrer; Reifen und deren Vulkanisierung, Automobilteile und Material für Reparaturen und Tagelohn für Spezialarbeiter aus der Werkstatt	16 800 000
	b) Ankauf von Benzin	1 400 000
	c) Heizung und Beleuchtung der Garagen, elektrischer Kraftstrom in der Werkstatt	80 000
	d) Briefe, Telegramme, Telefongebühren, Möbel und Möbelreparaturen, Kanzleibedarf u. a.	20 000
	e) Belohnung für Fahrer für gezeigte Sparsamkeit im Verbrauch der Materialien und Reifen und für gute Instandhaltung der Automobile	50 000
	Dauernde Ausgaben nach Kapitel II	
	Kapitel III.	
	Verschiedene Ausgaben.	
22	Rückzahlung unrichtig gezahlter Beträge nach abgeschlossenen Budgets (Artiekl 12 Zeile 1 des Gesetzes B. O. P.)	
23	Rückzahlung unrichtig gezahlter Beträge nach dem Budget des laufenden Finanzjahres (Art. 12 Z. 2 des Ges. B. O. P.)........	
24	Auszahlung von durch Staatsbeamte veruntreuten Summen.......	
25	Ausgaben für Prozeßführung und Auszahlung der Kosten verlorener Prozesse	
26	Feuerversicherung der unbeweglichen Güter	
27	Unvorhergesehene laufende Ausgaben	
28	Sicherheitsrücklage für weitere laufende Auslagen.............	
29	Auszahlung der Verpflichtungen aus den vorhergehenden Jahren, für die der Kredit vorhanden, aber die Zahlung nicht möglich war, sowie solcher, für die bewilligte Kredite nicht ausreichten.......	
	Dauernde Ausgaben nach Kapitel 3.......	
	Insgesamt dauernde Ausgaben	
	Insgesamt für die Hauptdirektion der Arbeitsdienstpflicht......	

Tatsächliche Ausgaben nach dem Haushaltsplan für die Finanzjahre 1924/1925	1925/1926	1926/1927	Bewilligte Ausgaben nach dem Haushaltsplan f. d. Finanzjahr 1927/1928	Angeforderte Kredite nach Haushaltsplan f. d. Finanzjahr 1928/1929
—	—	—	—	3 230 000
41 295 049	32 489 604	29 350 000	34 350 000	31 387 000
416 749	283 222	71 551	100 000	100 000
382 912	281 841	62 000	—	—
—	20 000	16 923	20 000	20 000
—	125 000	—	10 000	10 000
—	—	55 997	100 000	100 000
110 000	27 000	8 400	10 000	10 000
—	—	—	1 000 000	1 000 000
—	—	—	—	—
899 769	6 640 000	4 940 000	1 240 000	1 240 000
—	—	—	—	120 667 000
171 123 914	192 482 360	156 281 185	176 218 800	163 840 340

Wiederholung.

Gehälter	35 889 700
Tagelöhne	510 000
Unvorhergesehene Reise und Tagegelder	699 000
Außerordentliche Tagegelder	450 000
Zusatzlohn	5 366 420
Prozentlohn	258 400
Dauernde Ausgaben	120 667 000
Gesamtsumme	163 840 340

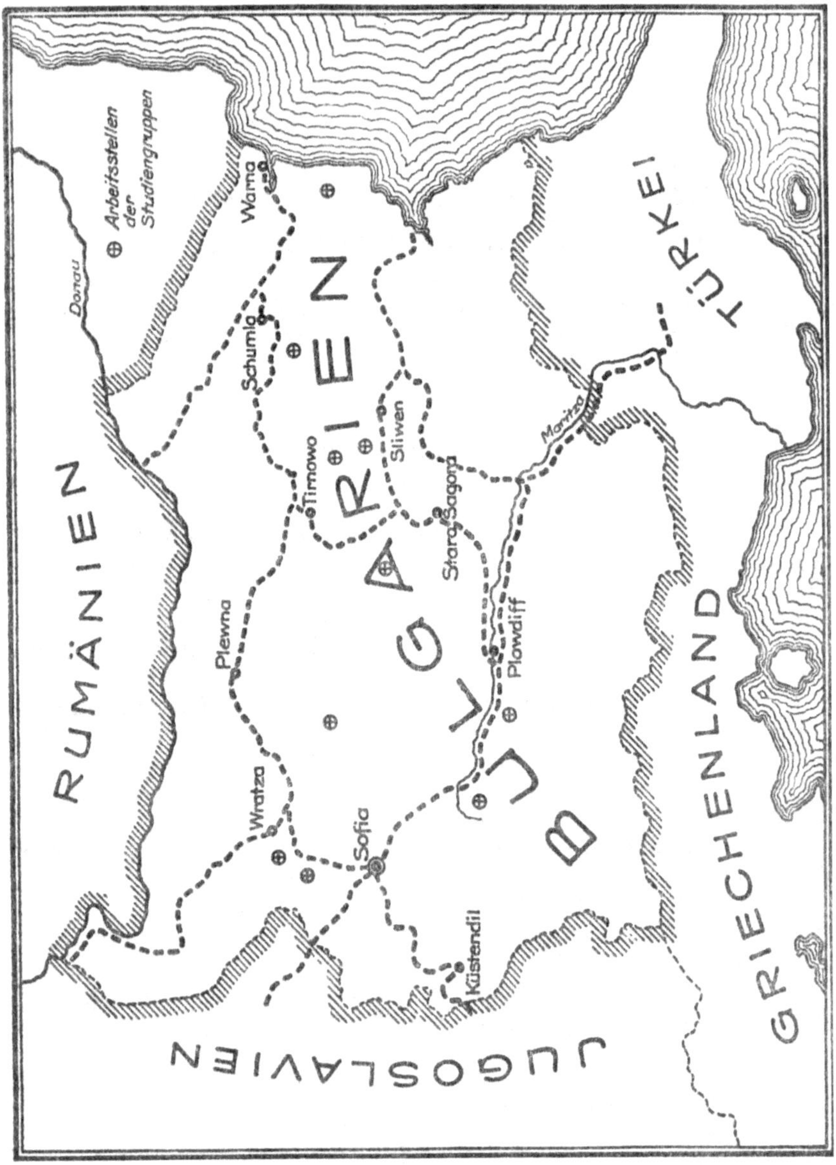
RUMÄNIEN
BULGARIEN
JUGOSLAVIEN
GRIECHENLAND
TÜRKEI
Donau
⊕ Arbeitsstellen der Studiengruppen
Warna
Schumla
Timowo
Sliwen
Stara Sagora
Plewna
Plowdiff
Maritza
Wratza
Sofia
Küstendil

Dienstordnung der Studiengruppe der Schlesischen Jungmannschaft im bulgarischen Arbeitsdienst

1. Die Studiengruppe untersteht bis zur Grenze der Leistungsfähigkeit der Arbeitseinteilung und Disziplin der trudowa powinnost. (Arbeitsdienstpflicht).

2. Die vornehmste Verwendung der Freizeit besteht in wissenschaftlicher Arbeit.

3. Der Gruppenführer bestimmt die Art und Dauer derselben, jedoch so, daß mindestens 1 ½ Stunden dieser Arbeit im Rundgespräch erledigt werden.

4. Das Protokoll der Rundgespräche wird in einem besonderen Buche geführt. Für abweichende Meinungen, sowie Ergebnisse persönlicher Forschung auf anderen Gebieten und allgemeine Eindrücke steht jedem Kameraden ein Tagebuch zur Verfügung. Jede Gruppe führt ein fortlaufendes Tagebuch ihres Gruppenlebens.

5. Zur Aufrechterhaltung einer Verbindung der Gruppen untereinander, und um Wünsche der Studiengruppen der Direktion der trudova powinnost zu vermitteln, sendet jede Gruppe jeden Mittwoch und Sonnabend einen möglichst ausführlichen Bericht an die Kanzlei, Sofia, Alabinska 39.

6. Die Geldangelegenheiten der einzelnen Gruppen werden durch den Gruppenführer erledigt.

7. Zur Erfüllung der Aufgabe ist es notwendig, daß eine vollkommene Arbeitsteilung unter Ausnutzung der Fähigkeiten jedes Einzelnen erreicht wird.

8. Die Gruppe vermittelt durch Sauberkeit, Offenheit und Kameradschaft ihren bulgarischen Freunden das Bild der jungen deutschen Generation.

Sofia, am 8. August 1928.

Die Gruppenführer:

gez. Hans Raupach — Kurt Ballerstedt
Günther Burghardt — Wolfgang Schneider
Wilhelm Werzmirzkowski — Hellmut Schütz.

FSC
www.fsc.org
MIX
Papier | Fördert gute Waldnutzung
FSC® C083411

Kolibri 360 GmbH
Ferdinand-Jühlke-Straße 7
99095 Erfurt, Deutschland
produktsicherheit@kolibri360.de